A HUNGRY ECONOMIST
EXPLAINS THE WORLD

好吃的

后浪

EDIBLE
ECONOMICS

［英］张夏准（HA-JOON CHANG）著

方丽 翟文 译

经济学

浙江教育出版社·杭州

献给熙珍、尤娜和金圭

目　录

引言　大蒜

腌大蒜

韩国，妈妈的菜谱

取大蒜数头，用酱油、米醋和糖腌制

文明之初，人类遭受混乱和蒙昧之苦（虽然现在依然如此）。天帝之子桓雄怜悯人类，下凡来到今天的朝鲜半岛，建立了"神市"，制定法律，教给人类农业、医学和艺术。

有一天，一头熊和一头老虎找到桓雄。它们看到他的所作所为，了解了世界的运行法则，也想变成人类。桓雄许诺，只要它们待在一个洞穴里，不照太阳，只吃大蒜和艾草①，为期100天，那么它们就能变成人类。熊和老虎决定听从指示，去了一个很深的洞穴中。

只过了几天，老虎就食言了。"这太荒唐了，我不能就吃这些难闻的球茎和发苦的叶子。我不干了。"它说着冲出了洞穴。熊坚持饮食，在100天后变成了一个漂亮的女人。熊女后来和桓雄结合，生

---

① 一种略带苦味的东亚野生植物。——原注（若未做出特殊说明，本书脚注皆为作者原注）

下檀君，朝鲜半岛第一位国王由此而来。

我的祖国韩国确实是建立在大蒜之上的国家。这很明显，看看韩国的饮食，韩国炸鸡[1]就是一道名副其实的大蒜宴：面糊中掺入大蒜末，涂上又甜又辣的辣椒酱，还要再加更多的大蒜。有些韩国人嫌烤牛肉片（切成薄片的火烤牛肉）蘸料中的大蒜末太少了，他们怎么做呢？他们直接就着蒜瓣吃，或者烤大蒜吃。腌大蒜是非常受欢迎的腌菜，大蒜头用酱油、米醋和糖腌制。蒜叶和蒜苗以同样的方式腌制，蒜苗炒着吃，经常和海米一起炒，或者焯水后用甜辣酱拌着吃。还有泡菜，也就是腌制蔬菜，通常用东方白菜（美国称纳帕白菜，英国称中国菜）制作，实际上可以用任何蔬菜来做。如果你对韩国食物略有所知，提到韩国泡菜你就会立刻想到辣椒粉。实际上，没有不加辣椒粉的韩国泡菜。[2]

韩国几乎所有的汤都用带有大蒜的高汤制作而成，无论是肉汤还是鱼汤（通常使用凤尾鱼，也有虾、干贝，甚至海胆作为食材）。韩国餐桌上摆得满满当当的那些小碟菜（banchan，即米饭伴侣、佐餐小菜）大都含有（生的、炸的或煮的）大蒜，不管它们是蔬菜、肉还是鱼，也不管它们是生的、焯过的、炒的、炖的或煮的。

我们韩国人可不仅直接把大蒜吃进肚子里，我们还腌制大蒜，大量腌制，我们简直就是行走的大蒜。

---

[1] 在我看来，比肯德基的炸鸡更美味。
[2] 寺庙除外。佛教僧侣不允许食用或烹调大蒜和洋葱，当然也不能烹调和食用动物。

　　2010—2017年，韩国人每年人均消耗大蒜多达惊人的7.5千克。[1] 2013年更是达到人均8.9千克的高点。[2] 韩国人消耗的大蒜是意大利人（2013年人均720克）的10多倍。[3] 在吃大蒜这件事上，和韩国人比，意大利人是业余的。① 至于英国人和美国人口中的"嗜蒜者"法国人，2017年也不过是人均消耗了微不足道的200克大蒜，[4] 还不到韩国人的3%。业余！

　　不过，这7.5千克我们可没都吃掉。很多大蒜被用来制作泡菜，最后通常给扔掉了。② 烤牛肉和其他腌制肉也是这样，用大量切碎的大蒜腌制，当你吃掉肉，腌料和留在里面的大蒜都会被倒掉。但即使排除所有这些"浪费"的大蒜，韩国人消耗大蒜的数量也是巨大的。

　　周围都是大蒜怪，你是不会意识到你吃了多少大蒜的。1986年7月底的我就是这样。当时我22岁，登上了大韩航空公司的航班，前往剑桥大学开始我的研究生生涯。我对航空旅行并不全然陌生，我曾两次搭飞机往返韩国大陆南部的亚热带火山岛——济州岛，虽然飞行时间不长。首尔和济州之间的航班飞行时间只有不到45分钟，所以我当时的飞行经历还不到3个小时。不过，使我感到紧张的并不是即将到来的飞行。

①　英国诗人兼记者詹姆斯·芬顿（James Fenton）在1988年汉城奥运会前夕为《独立报》（*The Independent*）报道时如是说。
②　有时候，韩国人会食用腌制泡菜的汤，常用它为炒饭调味，尤其是在做泡菜炒饭的时候；也会把它加入寡淡的汤面中，提升味道；如果没有佐餐小菜，也会拿它下饭。

　　这是我第一次离开韩国，我没有太多飞行经历并不是因为贫穷。我的父亲曾是一名高级公务员，我的家庭即使不算很有钱，也称得上宽裕，完全能够负担得起去国外度假的费用。然而，那个时候，韩国人不被允许出国旅行度假，政府根本不会为度假签发护照。当时，韩国正处于政府主导的工业化时期，政府希望每一美元外汇都用于购买经济发展所需的机器和原材料。外汇不可以"浪费"在"轻浮"的事情上，比如去国外度假。

　　更糟糕的是，在那段时期，从韩国飞往英国的旅行需要花费令人难以置信的漫长时间。今天首尔和伦敦之间的航班飞行时间大约是 11 个小时。1982 年，"冷战"正酣，所以韩国的飞机不能飞越苏联，更不用说飞越朝鲜。我们先要花 9 个小时飞往阿拉斯加的安克雷奇，在那里停留两小时（飞机加油，我们吃日本乌冬面，这是我在韩国之外品尝到的第一种食物），然后再飞 9 个小时才到欧洲。这还没有到伦敦。大韩航空当时没有直飞伦敦的航班，所以我在巴黎戴高乐机场待了 3 个小时，然后搭上我这一趟行程的最后一班飞机。从首尔金浦机场到伦敦希思罗机场花了 24 个小时，19 个小时在空中，5 个小时在机场——好像横跨了整个世界。

　　让我感到陌生的不仅仅是距离。我已经准备好面对语言障碍、种族差异和文化偏见，至少在一定程度上如此。夏天白天一直持续到晚上 10 点，冬天的夜晚则从下午 4 点开始，我差不多可以适应。让我很难接受的是，夏天的最高温度大约只有 16℃，而韩国的夏天湿热，最高能达到 33℃，湿度达到 95%。但我必须适应。即使雨可以忍受，我也没有意识到雨可以下得如此频繁。[①]

但食物真的给我造成了创伤。在韩国的时候，我曾被警告过（通过书本，毕竟当时很少有韩国人真正去过英国），英国食物很糟糕，但我没有意识到它实际上有多么糟糕。

好吧，我在剑桥还是找到了几样喜欢的食物——牛排腰子馅饼、炸鱼薯条、科尼什馅饼，但大多数食物，说得温和一点，都很糟糕。肉类煮得太老，调味不足。除非蘸着肉汁，否则很难吃下去，肉汁可能非常好，但也可能非常糟糕。我爱上了英国芥末酱，有了它，我才勉强吃得下晚餐。蔬菜煮的时间太长，变得毫无质感，只有加盐才能下咽。一些英国朋友会理直气壮地回复，他们的食物调味不足（呃，无味？）是因为原料够好，不需要用酱汁这样多余的东西破坏它们，狡猾的法国人使用酱汁是因为他们需要掩盖坏肉和烂蔬菜本身的味道。我在剑桥大学第一年结束时去了一趟法国，当我第一次品尝到真正的法国食物时，这种说法的任何一丝合理性都烟消云散了。

20世纪80年代的英国饮食文化，一言以蔽之，是保守的，非常保守。英国人不吃陌生的东西。对于外来食物，英国人持强烈的怀疑并发自内心的厌恶。除了完全英国化的中国菜、印度菜和意大利菜——这些菜通常很难吃，你吃不到其他的美食，除非到伦敦的苏荷区或其他繁华地带去。当时疯狂扩张但现在已经倒闭的连锁店

---

① 韩国的降雨量与英国差不多，每年约为1200～1300毫米，但是韩国的雨水集中在夏季，因此总体感觉远没有英国那么频繁。

Pizzaland 就是英国饮食保守主义的缩影。比萨是能够给英国人带来创伤的外来食物，他们为了吸引顾客，在菜单上增加了一个选项，即在比萨上加一个烤土豆。

当然，就像所有关于外来性的讨论一样，仔细探究，会觉得这种态度非常荒谬。英国人喜爱的圣诞大餐由火鸡（北美）、土豆（秘鲁）、胡萝卜（阿富汗）和布鲁塞尔芽菜（来自比利时）组成。

在所有外来食材中，大蒜几乎算得上英国的国民公敌。我在韩国时已经了解到英国人不喜欢法国人对大蒜的偏爱。有传言说，伊丽莎白女王非常不喜欢大蒜，在她驻跸白金汉宫或温莎城堡时，不允许有人吃大蒜。但在到英国前，我不知道吃大蒜有多不受欢迎。对许多英国人来说，这简直是一种野蛮的行为，或者至少是对周围人的非暴力攻击。一位东南亚朋友讲述了这样一个故事：她的英国房东走进她和她的印度男友租住的房间，闻了闻，然后急切地问是否有人在吃大蒜。值得注意的是，她的房间里甚至没有烹饪工具。

这就是我将要生活的地方，在这里，韩国人的"生活精髓"是对文明的侮辱，甚至可能是对文明本身的威胁。好吧，我夸大其词了。你还可以在超市里买到大蒜，尽管这些球茎看起来又小又干瘪。英国烹饪书中的意大利风味菜肴食谱倒是写了要放大蒜，但是在我认为至少需要几瓣大蒜的地方却只放几片了事。大学食堂提供某些声称放了大蒜的异国菜肴，尽管我不确定它们是不是真的放了大蒜。为了逃离这个美食地狱，我开始自己做饭。

然而，我的烹饪技能在当时相当有限。那个时候，韩国的母亲甚至不让她们的儿子进厨房［"进厨房，你的小弟弟（或小辣椒①）会掉！"韩国人肯定听过这句话］。厨房是女人的地盘。我的母亲并不那么传统，因此与我的大多数男性朋友不同，我可以进厨房煮方便面（很难做得好吃，这一点令我感到惊奇），做一些像样的三明治，用冰箱和橱柜里的随便什么食材做一些炒饭，诸如此类。但这并不是说我很会做饭，我也没有足够的动力做饭。我当时一个人住，坦率地说，只为自己做饭毫无乐趣可言。此外，20多岁的年轻人胃口惊人（在韩国，我们说"20多岁的小伙连石头都能吃下去"），所以食堂喂给我什么我都能够吃得下去——包括又干又没有味道的烤羊肉以及最恐怖的煮烂的意大利面。因此，我在剑桥生活的头几年——从一个在读研究生到一名年轻的教员——只是偶尔做饭，我的烹饪范围和技能增长得非常缓慢。

这就导致了危机。我的厨艺没有进步，但我对食物的了解却在迅速增长。就像老生常谈的那样：作为一名学者，也许我更擅长理论而不是实践。在美食方面，我的知行差距变得越来越荒谬。

事情就是这样的，我到英国的时候，英国正处于一场烹饪革命的风口浪尖之上，英国抵制外来食物的强大根基出现了裂缝，外国的烹饪传统开始渗入。与此同时，英国美食也开始慢慢升级、重塑，并与新的影响相融合。厨师、餐厅评论员和美食评论家都成了名人。烹饪书越来越多，几乎和园艺书一样多（英国人非常痴迷园艺，还

---

① 这个称呼也反映了韩国人对辣的痴迷。

有哪个国家会在晚上黄金时段播放园艺电视节目呢）。许多烹饪书开始涉及食物历史和文化评论，而不仅仅是食谱。通过这些变化（以及我去国外旅行的经历），我了解到许许多多我原来不知道的美食。我被迷住了，开始尝试不同的食物。我在书店里阅读烹饪书，还买回来不少。我喜欢阅读报纸上的美食评论和专题报道。我也开始了自己的烹饪革命。

实际上，当时的韩国甚至比英国更像一个烹饪孤岛，尽管韩国的食物比英国的美味。那个时代的韩国，除了一些地方有中国和日本食物，几乎见不到别的外国食物，你能买到的只有所谓"西式简餐"，那基本上是"日本化"的欧洲食品。典型的菜肴有：炸猪排（用猪肉做的，而原版的奥地利炸肉排是用小牛肉做的）、汉堡牛排（模仿法国牛肉饼，使用廉价食材，如洋葱和面粉，取代了原版中大部分牛肉）以及（非常平庸的）意大利肉酱面。汉堡是一种罕见的东西，只在高档百货公司的自助餐厅里有售，代表一种异国情调——反正不是很好。20世纪80年代中期，汉堡王进入韩国可以说是一个文化事件，也就是在那时，大多数人第一次知道比萨（必胜客于1985年在韩国首都开业）。我在到英国和欧洲大陆工作或度假之前，从来没有品尝过真正的法国或意大利美食。当时韩国仅有的几家法国和意大利餐馆提供的是高度美国化的食物。日本或中国以外的亚洲食物也同样神秘（没有泰国菜，没有越南菜，没有印度菜），更不用说来自希腊、土耳其、墨西哥或黎巴嫩等更偏远国家的菜肴。

1993 年结婚后，我开始认真做饭，我的饮食理论和实践之间的差距开始缩小。我的妻子熙珍（Hee-Jeong）从韩国搬到剑桥和我同住。她无法相信我家里有十几本烹饪书而我却从未照着它们做过饭。鉴于我公寓的书架空间有限（书架只比一张大地毯略大），熙珍认为这些书不用就得扔掉，也是合理的判断。

我开始照着克劳迪娅·罗登（Claudia Roden）写的《意大利的食物》（*The Food of Italy*）做饭。意大利食物，特别是意大利南部的食物，有韩国人喜欢的关键成分，也就是大蒜、辣椒、凤尾鱼、茄子、西葫芦，所以我自然而然地选择了这本烹饪书。用番茄酱和三种奶酪（马苏里拉奶酪、里科塔奶酪和帕尔马奶酪）做成的茄子意大利面是我学会的第一道罗登菜，它至今仍然是我们家最受欢迎的食物（经过一些个人调整）。安东尼奥·卡卢西奥（Antonio Carluccio）的书教给我很多关于意大利面和烩饭的知识。意大利菜是我的主要武器库，但我也喜欢随意创新，包括法餐、中餐、日本料理、西班牙菜、美国菜、北非菜和中东菜。而且，为了表明我们生活在英国，我还学会了许多很棒的英国菜，特别是迪莉娅·史密斯（Delia Smith）、奈杰尔·斯莱特（Nigel Slater）和尼格拉·劳森（Nigella Lawson）的做法。我很少做韩国菜，因为熙珍做的韩国菜很好吃，我可不想与她的长处较高下。

在我学习烹饪的时候，英国的烹饪革命正进入一个新的决定性的阶段。你可以想象一下，20 世纪 90 年代中期的一个神奇的仲夏夜之梦的夜晚，英国人终于觉醒，意识到他们的食物其实很糟糕。英国人一旦认识到这一点，就会自由地拥抱世界上所有的菜系。没有理由坚持印度菜而不是泰国菜，也没有理由接受土耳其菜却不接受墨西哥菜。只要是可口的东西就好，多么光荣的自由。英国人开始平等自由地享用所有的菜系，并因此发展出了可能是世界上最复杂的一种饮食文化。

英国成了一个吃饭的好地方。伦敦什么都有，从半夜 1 点流动餐车上物美价廉的土耳其烤肉到贵得令人瞠目结舌的日本怀石料理。口味从强劲张扬的韩国菜到低调温馨的波兰菜。你可以在复杂的秘鲁菜（源于伊比利亚、亚洲和印加）和简单多汁的阿根廷牛排之间做出选择。大多数超市和食品店都出售制作意大利、墨西哥、法国、中国、加勒比、以色列、希腊、印度、泰国、北非、日本、土耳其、波兰各国和地区菜肴的食材，甚至可能还有韩国菜的原料。即使你想要更专业的调味品或配料，也可以找得到。然而就是这个国家，据一位当时还是交换生的美国朋友说，在 20 世纪 70 年代末的牛津，你唯一能买到橄榄油的地方是药店（用于软化耳垢）。①

当然，这也是全球趋势。随着越来越多的人参与国际贸易、国际移民和国际旅行，世界各地的人们对外国食物的态度变得更加好奇和开放。然而，英国是不同的，也许是独特的，因为自从英国人对于食物的诚实的自我意识觉醒以来，这个国家对食物就开放起来。在意大利和法国，强大的烹饪传统根深蒂固，当地人对变化持防御

---

① 今天（2022 年 1 月 14 日）上网搜索，乐购（Tesco）网站有 43 种橄榄油，塞恩斯伯里（Sainsbury）有 60 种，维特罗斯（Waitrose）有 70 种。

和紧张态度。你可以吃到很多很棒的当地食物，外来的美食就很罕见了，除了几家美国快餐店、廉价的中餐馆和几家卖沙拉三明治或烤肉串的商店（可能很棒，但也不一定），可能再加上一家价格昂贵的日本餐馆。

当我的食物宇宙以闪电般的速度扩张时，我的另一个宇宙——经济学——却不幸地被吸进了一个黑洞。直到 20 世纪 70 年代，经济学都是由各种不同的"学派"组成，包含不同的愿景和研究方法——古典主义、马克思主义、新古典主义、凯恩斯主义、发展经济学、奥地利学派、熊彼特主义、制度经济学和行为经济学等。① 他们同时存在，相互影响，有时也会发生"死亡竞赛"，比如 20 世纪二三十年代，奥地利学派与马克思主义的冲突，六七十年代凯恩斯主义与新古典主义的冲突。大部分时候，他们之间的互动都比较良性。通过辩论和世界各地不同政府的政策试验，每个学派都不断优化自己的论点。不同学派相互借鉴，虽然大都不会正式承认。一些经济学家甚至尝试将不同学派的理论融合起来。20 世纪 70 年代之前

---

① 不同学派有不同的愿景，即不同的道德价值观和政治立场，以不同的方式理解经济运行的方式。这里不再介绍他们之间的具体差异，如果你想知道更多，可以阅读我的上一本书《每个人的经济学》(*Economics: The User's Guide*)，其中介绍了各个学派的优缺点。这里，我们只需要记住关键的一点：经济学不是一门科学，它不提供完美的可证明的答案，也不存在适用于所有情况的单一的经济解决方案或模式，选择正确的经济答案取决于经济体的具体情况和它所面临的条件，也取决于你在道德上或伦理上认为什么对一国公民最重要，比如世界各国在管理新冠肺炎疫情及其社会经济后果的鲜明差异。经济学是一门研究人类活动的学问，因此也涉及人类的情感、道德立场和想象力。

的经济学就像今天的英国美食界：美食众多，各有优劣，竞相争宠；他们自豪于自己的传统，但也不得不相互学习，因此产生了许多有意和无意的融合。

自 20 世纪 80 年代以来，经济学就像 20 世纪 90 年代以前的英国美食。餐馆的菜单上只有一道传统菜，经济学则成了新古典主义一家独大。像所有其他学派一样，新古典主义经济学有它的优势，也有它的局限性。新古典主义经济学的崛起是一个复杂的过程，在此不再赘述。① 无论原因是什么，新古典主义经济学今天在大多数国家都占主导地位（日本和巴西除外，意大利和土耳其也程度较轻），"经济学"这个词对许多人来说已经是新古典主义经济学的同义词。这种知识上的"单一化"缩小了这个学科的知识基因库。新古典主义经济学家（也就是今天的绝大多数经济学家）很少承认其他流派的存在，更不用说承认其学术价值了。那些承认的人也不过是在断言其他学派是低劣的。他们会说，有些经济思想"甚至不是经济学"。他们声称，这些学派拥有的少数有用见解——熊彼特的创新思想或行为

---

① 这个过程受到多方面的影响。在学术方面，主要是不同学派的优缺点以及数学作为研究工具日益占据主导地位（它推进某种知识，同时压制其他知识）在起作用。但新古典主义经济学的崛起也受到权力政治的关键影响，无论是在经济学界内部还是外部。在专业权力政治方面，所谓的诺贝尔经济学奖（这不是一个真正的诺贝尔奖，而只是一个"纪念阿尔弗雷德·诺贝尔"的奖项，由瑞典中央银行颁发）对新古典主义经济学的普及起到了很大作用。在专业以外的权力政治方面，新古典主义经济学对任何质疑社会经济秩序背后的收入、财富和权力分配的声音保持缄默，因此更容易为统治精英所接受。20 世纪 60 年代，新古典主义经济学首先在美国占据主导地位，随后在第二次世界大战后的教育全球化中，凭借美国的"软"文化力量传播到全球。

经济学中的有限理性思想——已经被纳入经济学的"主流"，即新古典主义经济学。他们没有意识到，这种纳入就像"附加物"，就像 Pizzaland 比萨上的烤土豆。[①]

一些读者可能会问：我为什么要为一群学者变得心胸狭窄、知识单一化而感到担忧？我首先要指出，经济学并不像研究北欧语言或试图识别数百光年外的类地行星的学科。经济学对我们的生活有着直接而巨大的影响。

我们都知道经济理论会影响政府在税收、福利支出、利率和劳动力市场法规方面的政策，而这些政策又会影响我们的工作、工作条件、工资以及抵押贷款或学生贷款的还款负担，最终都会影响我们个人的经济状况。经济理论也通过影响政策塑造一个经济体的长期集体前景，这些政策决定了一个经济体在高生产率产业、创新和可持续发展方面的能力。除此之外，经济学不仅影响经济变量——无论是个人还是集体，它还改变了我们的自我认知。

经济学创造观念，不同的经济理论认为人性的本质不同，主流的经济理论将决定人们对"人性"的看法。对我们的自我认知的影响主要表现在两个方面。1. 在过去的几十年里，新古典主义经济学占据主导地位，它假定人类的本性是自私的，自利行为被正常化，而利他行为则被嘲笑为"傻"，或被怀疑存在（自私的）别有用心的

---

① 这不是真正的融合，比如受印加菜、西班牙菜、中餐和日本料理影响的秘鲁菜，或者美国韩裔厨师大卫·张（我们不是亲戚）的菜肴，受美国菜、韩国菜、日本料理、中餐和墨西哥菜的影响。

动机。2. 如果行为经济学或制度经济学的经济理论占主导地位，我们会认为人类的行为具有复杂的动机，自利只是其中之一。这两种经济理论认为，社会的不同设计会形成不同的激励，以不同方式塑造人们的动机。换句话说，经济理论会影响人们判定什么是正常现象、如何看待彼此，以及为适应社会而表现出什么样的行为。

经济学还会影响经济的发展方式，进而影响我们的生活和工作方式，并以此影响我们的身份，这反过来又塑造了我们的自我认知。例如，不同的经济理论对发展中国家是否应该通过公共政策干预促进工业化有不同的看法。不同程度的工业化反过来又会塑造不同类型的个人。例如，与生活在农业社会的人相比，生活在工业化程度较高的国家的人往往更守时，因为他们的工作以及由此而来的日常生活是按照时钟安排的。工业化也促进了工会运动，因为工厂里聚集了大量的工人，他们比在农场里需要更密切地相互合作。这些运动反过来又创造了中左翼政党，他们推动制定了更多平等主义的政策，这些政党可能会被削弱，但即使工厂消失他们也不会消失，几十年来富裕国家的经历已经证实了这一点。

我们可以进一步断言，经济学影响着我们社会的类型。首先，不同经济理论塑造了不同的个人，也就建构了不同的社会。如前所述，鼓励工业化的经济理论将形成一个积极推动更多平等主义政策的社会；认为人类（几乎）绝对自利的经济理论将创造一个难以合作的社会。其次，不同的经济理论对"经济领域"的边界应该在哪里有不同的看法。如果一种经济理论建议将许多人认为是必要的服务，如医疗、教育、供水、公共交通、电力和住房全都私有化，就会建议扩大"一美元一票"的市场逻辑，反对"一人一票"的民主逻辑（见"**辣椒**"①和"**青柠**"）。最后，不同的经济理论对经济变量，如（收入或财富）不平等（见"**鸡肉**"）或经济权利（劳工与资本、消费者与生产者，见"**秋葵**"）有不同的影响。这些变量的差异反过来又决定了社会中存在多少冲突：收入不平等的加剧或劳动权利的削弱不仅增加了有权势的人和底层之间的冲突，而且增加了普通人之间的冲突，他们不得不为一块越来越小的蛋糕大打出手。

这样去理解，你就会明白，经济学对我们的影响非常重要，远不止狭义上的收入、工作和养老金等。这就是为什么我认为我们都必须至少了解经济学的一些原则——不仅是为了维护我们自己的利益，更重要的是为了使我们和我们的后代拥有一个更好的社会。

当我提出这一点时，一些人回应说，只有专家才能弄懂经济学，普通人是学不会的。他们说，经济学是一种技术性的理论，充满了专业术语、复杂的方程式和统计数据，大多数人看不懂。

但真的是这样吗？当你看着周围的世界按照你不理解的经济理论运作和建构时，你就只是"在绝望中沉寂地生活"吗？②回答我。社会被设计成这样你感到满意吗？政府的计划和政策与你认为的对

---

① 此段引号内的内容用黑体表示正文中的章节名。全书同。——编者注
② 平克·弗洛伊德（Pink Floyd）在专辑《月之暗面》（*The Dark Side of the Moon*）中称之为"英国人的劣根性"（Hanging on in quiet desperation is the English way）。但我认为世界上绝大多数人都在绝望中沉寂地生活。

我们所有人最重要的东西一致吗？税负是由全世界所有最大的公司与普通工人公平分担的吗？我们已经尽了一切可能给每个孩子创造最公平的机会去取得成功吗？这个社会的价值观是不是重视共同体、共同责任和共同目标？我觉得这些都没有。

既然哄骗你们对经济学产生了兴趣，我也不能置之不理。因此，在这本书中，我用食物的故事讲解经济学，以使它更容易被接受。但请注意，这些食物的故事不是关于食物的经济学，比如它是如何被种植、加工、品牌化、销售、购买和消费的。这些方面不是我要讲的故事的核心，况且已经有很多与此有关的有趣书籍。我要讲的食物的故事有点像有些妈妈用来"贿赂"孩子吃"蔬菜"的"冰激凌"。只不过在这本书中，你可以先吃"冰激凌"，后吃"蔬菜"（多么划算啊！）。

这只是打个比方。本书中的食物故事不是真正的"贿赂"，因为"贿赂"是指你给别人东西，让他们做他们不愿意做的事情。在英语国家中，许多妈妈为了让孩子吃蔬菜而给他们吃冰激凌，这是在"贿赂"孩子，因为她们自己也知道，蔬菜不好吃。相比之下，印度、韩国或意大利的妈妈不太需要这种"贿赂"，因为她们做的蔬菜比水煮西蓝花、菠菜或胡萝卜好吃。在这些地方的传统饮食中，蔬菜本身就很好吃（尽管在这些文化中，许多孩子仍然喜欢吃冰激凌而不是蔬菜）。同样，我讲述的这些经济学故事本身就很精彩，我介绍了关于食物的各种各样的故事，也就让"味道"层次更丰富，比通常的故事更"美味"。我提出了一些被忽视的问题，穿插了多种经

济理论（而不只是某一种），讨论了经济政策的政治（甚至哲学）影
响，探讨了当前经济安排的现实替代方案，包括现有的和想象的。

　　我喜欢与我的朋友们分享我喜爱的食物——给他们做饭，带他
们去我喜欢的餐馆，有时候甚至只是一起流着口水谈论菜肴。我消
化、混合了不同的经济理论，使它们融合在一起，我希望我的读者、
我聪明的朋友能够分享我从中得到的满足感，这些理论帮助我理解
我们的世界是如何运行的，并给我提供了思考的工具，有助于我们
去建立一个更美好的世界。

第一部分

消除偏见

第1章

橡　果

橡果凉粉

韩国

韩国橡果凉粉通常拌以沙拉菜、黄瓜和胡萝卜，以及辛辣酱油调味汁

　　橡果是橡树的果实，不太像是一种食物。据了解，一些美洲原住民，特别是加利福尼亚的原住民，以及一些日本人都吃过这种食物。他们买不起或找不到更精细的碳水化合物时就吃橡果，就像意大利北部人曾经把栗子粉掺在小麦粉里制作意大利面。

　　韩国人也吃橡果，大量地吃，还用橡果做成蔬菜凉粉（mook）。我喜欢橡果凉粉，调味酱油（一种由酱油、芝麻油和调味料制成的酱汁，调味料包括切碎的葱、辣椒粉和芝麻）的咸辣味与橡果的坚果味或轻微的苦味交织，再切入一些黄瓜和胡萝卜，它就是一道漂亮的沙拉。

　　无论我多么喜欢橡果凉粉，我都承认它不是什么美味佳肴。它

是那种你辛辛苦苦爬了一早上山，在山上的临时摊位上吃的东西，或是在夜晚的当地廉价小酒馆吃的东西。想要用橡果做出一道美味佳肴是相当困难的。

除非你把它喂给伊比利亚猪。这些猪也被称为黑蹄猪，用黑蹄猪的腿制作的火腿被称为伊比利亚火腿。最美味的伊比利亚火腿用散养的黑蹄猪制成，这些猪在宰杀前的一段时间里只吃橡树林中的橡果，因此这种火腿被称为伊比利亚橡果火腿。[5] 橡果使伊比利亚火腿蕴含一种独特的坚果味。尽管我也喜欢帕尔玛火腿搭配蜜瓜，但我愿称伊比利亚火腿是世界上最好的火腿。我希望我那些在食物问题上不屈不挠的意大利朋友能理解我的这一断言。伊比利亚火腿昂贵的价格也表明，意大利以外的许多人毫无疑问也会同意我的观点。

火腿是西班牙文化的核心部分，还有哪里能制作出一部名为《火腿，火腿》的电影［佩内洛普·克鲁兹（Penelope Cruz）的处女作，哈维尔·巴登（Javier Bardem）也有参演］？

1492年1月，西班牙完成收复失地运动，将穆斯林赶出了伊比利亚半岛。同年晚些时候，一项皇家法令也将犹太人从伊比利亚半岛驱逐。葡萄牙效仿了西班牙的做法。许多被驱逐出西班牙和葡萄牙的犹太人逃到了奥斯曼帝国。著名的土耳其经济学家丹尼·罗德里克（Dani Rodrik）是这些犹太人的后裔，他告诉我，他原来的姓氏是罗德里格斯，这是一个典型的伊比利亚犹太人的姓。

与西班牙和其他基督教国家相比，奥斯曼帝国对包括犹太人在内的宗教少数群体要宽容得多。据说苏丹贝亚齐特二世（Sultan

Beyazit Ⅱ）张开双臂欢迎犹太人的到来，显然天主教君主的损失就是他的收获。

在奥斯曼帝国，就像在所有非伊斯兰国家一样，犹太人必须缴纳较高的税款，但他们被允许自由地信奉他们的宗教，并被赋予按自己的意愿管理社区的自主权。犹太人在帝国承担了各种各样的角色，从宫廷顾问、外交官，到商人、手工业者，再到搬运工、石匠。

在中世纪，伊斯兰世界（尤其是在 10 世纪和 11 世纪以巴格达为中心）的数学、科学以及法律研究比欧洲要先进得多。你只需看看有多少科学词汇源自阿拉伯语——酒精、碱、代数、算法（人工智能的精髓！）等。① 伊斯兰国家比基督教国家早了几个世纪拥有训练有素的法官，而在当时的大多数欧洲国家，你甚至不需要接受法律培训就能成为一名法官，这种现象一直持续到 19 世纪。

伊斯兰文化的另一个重要特点可能使其比其他文化更适合经济发展：伊斯兰文化没有等级制度，不会规定人们根据出身选择职业，限制社会流动。印度教种姓制度的复杂性和僵化性及其对社会流动的负面影响众所周知。传统儒家社会的社会阶层制度没有那么复杂和强大，有一定的社会流动发生，比如农民的儿子（但也只是儿子）可以通过考试成为官员，但工匠和商人的儿子不被允许参加科举考试。

无知以及恶意，使我们容易对"陌生的"文化形成负面的成见。

---

① 酒精（alcohol）、碱（alkali）、代数（algebra）、算法（algorithm），"al"是阿拉伯语的定冠词。

我们只挑出那些让我们不安的文化的负面特征，并把这些国家的任何社会经济问题都归咎于他们的文化。这只会使我们忽略问题的真正原因。

文化成见也可以是"积极的"，即夸大一个社会（通常是我们自己的社会）的良好品质，但这会误导现实，使我们无法理解真正发挥作用的机制。

许多人把东亚的"经济奇迹"归功于该地区的儒家文化，说儒家文化强调勤劳、节俭和教育。例如，韩国和加纳这两个国家在 20 世纪 60 年代初经济发展处于类似的水平（事实上，韩国当时要穷得多，1961 年韩国的人均收入为 93 美元，而加纳为 190 美元），此后却出现了巨大的经济差异，美国资深政治学家、《文明的冲突》（*The Clash of Civilisation*）一书作者塞缪尔·亨廷顿（Samuel Huntington）在解释这一现象时认为："毫无疑问，许多因素起了作用，但……文化起了非常重要的作用。韩国人重视节俭、投资、努力工作、教育、组织和纪律。加纳人的价值观完全不同。简而言之，文化很重要。"亨廷顿对儒家文化的描述是积极文化成见的一个完美例子，当人们想用积极的方式描绘一种文化时，只挑选符合其描述的文化表征的元素。

儒家思想被认为鼓励勤奋工作。然而在过去，东亚人通常被西方游客描述为懒惰。1915 年，一位澳大利亚工程师应日本政府的邀请参观日本的工厂，以便为工厂提高生产力提供建议，他说："看到你们的人工作的状态，让我觉得你们是一个非常容易满足且懒散的种族，你们认为时间不是问题。与一些经理交谈时，他们告诉我不可能改变民族传统。"[8] 1912 年，英国社会学家和社会改革家比阿特丽斯·韦伯（Beatrice Webb）在游览日本和韩国时说，日本人有"令人反感的闲暇观念和难以忍受的个人独立"[9]，并将韩国人描述为"1200 万肮脏、堕落、闷闷不乐、懒惰和没有宗教信仰的野蛮人，他们穿着不得体的肮脏白衣，生活在脏乱的泥屋里"[10]。这就是费边社会主义创始人说过的话。我们可以想象当时典型的右翼白人至上主义者如何评价受儒家文化影响的人。

至于著名的儒家热衷于教育的论调，事实是儒家思想传统上强调的教育，主要是学习科举考试所需的内容，这些对经济发展没有直接作用。农业以外的实践性追求，如制造东西和贸易则被轻视。像亨廷顿这样的评论家赞扬儒家文化灌输给人们的纪律（尽管比阿特丽斯·韦伯在日本和韩国只发现了不规范的纪律要强），但这种纪律是以顺从为代价的。其他评论家认为，顺从的压力意味着东亚人缺乏原创性和企业家精神，然而鉴于东亚人如今源源不断的技术创新、原创电影、令人上瘾的电视剧和创意音乐，这种说法显然越来越不靠谱了。

我还可以对亨廷顿所代表的那种对儒家思想的正面刻板印象进行更多解构，但我想你已经有所了解。文化是复杂的，具有不同的方面。一个社会如何利用其文化的原材料，在很大程度上是一个选择问题，也是政策行动的问题。正确的经济和社会政策可以在任何文化背景下促进发展、机会平等和其他积极的东西。

日本和韩国曾经缺乏具有守时习惯和工业纪律的现代工业劳动力。这种劳动力是后来通过具体的行动锻造出来的：在学校里灌输计时习惯和纪律，在意识形态上强调要在"爱国战争"中努力工作，从而通过经济发展"重建国家"，此外，宽松的劳动法也允许长时间工作和苛刻的劳动条件存在。

在 20 世纪六七十年代经济振兴启动的早期，韩国的年轻人大都不愿意从事科学和工程这样的职业。为了改变这一情况，韩国政府故意限制大学中人文和社会科学院系的入学名额和资金支持，并允许最优秀的理工科毕业生大大缩短（强制）服兵役的时间。当然，培养过多的理工科毕业生也可能造就一支受过高等教育的失业大军，除非有合适的工作给他们。为了避免这种情况，韩国政府通过公共政策干预促进工业化（另见**"大虾或小虾米"**和**"面条"**两章），从而创造了报酬丰厚、智力上有优越感的工作，理工科学生毕业后就可以从事这些工作。

儒家文化国家的家庭储蓄率世界最高。韩国在 20 世纪 90 年代初的家庭储蓄总额达到国内生产总值（GDP）的 22%，中国 2010 年的家庭储蓄总额占国内生产总值的 39%，因此人们认为节俭是这些国家的一个文化特征。然而这是不对的。

在 20 世纪 60 年代初，韩国是世界上最贫穷的国家之一，总储蓄率（不仅仅是家庭）低于 GDP 的 3%，1960 年甚至不到 1%。无论是否有儒家文化，韩国人民都太穷了，根本没有钱储蓄。

在接下来的 30 年里，韩国的储蓄，特别是家庭储蓄急剧上升。

作为一种适合农业社会的意识形态，儒家文化在这一时期由于工业化和城市化不断被削弱。家庭储蓄增加，主要是因为国家财富增长太快，人们的消费增长无法跟上他们收入的增长。除此之外，政府严格限制抵押贷款和消费贷款，以最大限度地为生产者提供贷款。韩国人必须先储蓄，才能买得起大件物品，如房屋、汽车或冰箱。

20 世纪 90 年代末，韩国废除这些信贷限制后，短短几年的时间，家庭储蓄就从 20 世纪 90 年代初占 GDP 的 22%（当时是世界上最高的）骤降到世界最低（3%～5%）。现在，韩国的家庭储蓄占 GDP 的比例（2005—2014 年的平均值）仅为 5%，还不到智利（10.5%）或墨西哥（11.4%）这些所谓"挥霍无度"的拉丁美洲国家的一半。[12]

否认文化会影响人们的价值观和行为，从而影响一个国家的经济组织和发展方式，是愚蠢的。但这样做能打破非常普遍的单一成见。所有的文化都有多个方面，是复杂的、不断演变的。最重要的是，在决定个人经济行为和国家经济表现方面，文化的力量远不如政策。

秋 葵

克里奥尔豆煮玉米

北美，由特雷米《烹饪书》中的菜谱改良而成

克里奥尔式炖菜，含有秋葵、甜玉米、豆子、西红柿、辣香肠和大虾

（或小龙虾）

我在 1986 年第一次见到秋葵，那时我已经在英国待了几年。那是在一家南亚餐厅[①]，在一道叫作"秋葵豌豆"（bhindi bhaji）的菜里。为了方便非南亚顾客，菜单上把它翻译成"炒女士的手指"（秋葵在很多英语国家被称为女士的手指）。有些蔬菜我在来英国之前从未品尝过，但已通过书本和电影知道它们的存在，比如西蓝花、甜菜根、芜菁之类的，但秋葵，我连听都没听说过。

秋葵被切碎后，看不出来原本的形状，因此我看不出来为什么

---

① 关于我为什么称其为南亚餐厅而不是印度餐厅，请参见**"香料"**一章的解释，这道菜在南亚非常常见。

这种蔬菜会被称为"女士的手指",而我对这道菜并不太喜欢。我不太能接受这种"黏糊糊"的质地(后来我知道这叫"黏液")。

后来,我吃到了另一种"秋葵豌豆",没有那么黏稠,也不会煮得太熟,确实也更美味。我在日本的一家餐馆吃了一盘美味的天妇罗,使我对这种蔬菜的评价有了很大的改变。后来我去巴西品尝了巴西鸡肉炒秋葵。我逐渐喜欢上了秋葵,尽管它还算不上我最喜欢的蔬菜。

但是,自从我在华盛顿特区的一家南方餐馆第一次吃到了贡布(贡布即秋葵)之后,我就爱上了秋葵。这种南方的汤,或者说炖菜,主要成分是秋葵(在美国,这道菜通常被称为秋葵汤或贡布),味道浓郁,口感黏稠。几年前,我第一次(也是唯一的一次)试着用秋葵做了一道菜,这是我从一本南方食谱中找到的一道豆煮玉米菜谱。① 我被这道菜镇住了,不是因为我的烹饪技巧,而是因为秋葵给这道菜带来的黏稠感。我第一次吃秋葵时,因为其黏性而难以接受,但事实证明这种神奇的黏稠质地,使豆煮玉米这道菜丝般柔顺,令人舒心。

秋葵属于一个"显赫"的植物科,锦葵科(Malvaceae),棉花、可可、木槿和榴梿② 等都属于锦葵科。秋葵可能起源于非洲东北部

---

① 豆煮玉米(succotash),意思是碾碎的玉米,最初是美国东北部的美洲原住民的食物。我使用的菜谱之所以是"南方的",是因为它用卡津人的"神圣三位一体"(洋葱、芹菜和甜椒)打底,再加上卡津安杜尔香肠(我用西班牙香肠代替),当然还有秋葵。
② 榴梿是东南亚著名的气味浓烈的水果,对我来说,它的味道就像奶油冻和蓝纹奶酪的混合,奇怪但美味。

（今天的埃塞俄比亚、厄立特里亚和苏丹），不过也有人坚决主张秋葵起源于东南亚和印度。[13] 根据主流理论，秋葵在非洲东北部被驯化，并向北（地中海）、向东（中东、南亚、中国和日本）和向西（西非）传播。遗憾的是，没有传到韩国。

受奴役的非洲人将秋葵带到了美国和美洲其他地方，同时还带来了西瓜、花生、大米、芝麻、黑眼豆和香蕉（包括甜点香蕉，俗称香蕉，以及大蕉，即所谓的"烹饪香蕉"，具体可以阅读"香蕉"这一章）等作物，也带来了秋葵的名字。[14] 英语中秋葵（okra）这个词来源于伊博语——今天尼日利亚的主要语言之一。贡布（gumbo）是这种蔬菜在美国的另一个常见名称（很多以秋葵为主要成分的菜肴就叫贡布），来自非洲中部和东南部的语言。

欧洲人占领新大陆后开始了对非洲人的大规模奴役。在几乎消灭了美洲的原住民之后（通过种族灭绝以及通过携带的病原体），他们迫切需要替代性的工人，而且希望付出的成本尽可能低。超过1200万非洲人被奴隶贩子抓走。在这些人中，至少有200万人在奴役过程中丧生——在非洲被抓捕和囚禁时，在横渡大西洋（被称为"中间通道"）的残酷旅程中，以及被囚禁在美洲的"调味营"时，在那里，这些非洲人在被卖掉之前被打得服服帖帖。

如果没有这些被奴役的非洲人和他们的后代，欧洲资本主义国家就不可能获得廉价的资源——黄金、白银、棉花、糖、靛蓝、橡胶等——养活他们的工厂、银行和工人。没有这些人，美国也不可能成为今天的超级经济大国。这绝不是夸张之词。

我们都知道，为了生产棉花和烟草，美国种植园里被奴役的非洲人受到鞭打和折磨。但我们中没有多少人知道这些作物对美国经济有多么重要。在整个 19 世纪，仅这两种产品就占到美国出口额的至少 25%，最高时达 65%。在 19 世纪 30 年代的高峰期，仅棉花就占美国出口额的58%。[15] 如果没有棉花和烟草的出口收入，美国就不可能从当时经济条件优越的欧洲国家，特别是英国，进口到经济发展所需的机器和技术，而英国也因为在工业革命期间纺织厂能够获得大量廉价的棉花而受益。

被奴役的非洲人不仅提供（无偿）劳动力，也是非常重要的资本来源。我必须承认，这一点我也是最近才知道的。美国社会学家马修·德斯蒙德（Matthew Desmond）在为《纽约时报》撰写关于奴隶制的文章时写道："在住房抵押贷款出现之前的几个世纪，奴隶被当成抵押品……在殖民时代，土地不值钱……大多数贷款是把人当作财产抵押。"[16] 此外，德斯蒙德告诉我们，这些以奴隶为基础的个人抵押贷款合在一起形成可交易的债券，就像现代的资产证券化（ABS）一样，是将成千上万的房屋抵押贷款、学生贷款和汽车贷款组合在一起形成的。[①] 这些债券被出售给英国和其他欧洲国家的金融家，这样美国就能够在全球范围内调动资本，并将其金融业迅速发

---

① 这些 ABS 又被组合、切割成臭名昭著的 CDO（担保债务凭证），在 2008 年的全球金融危机中发挥了关键作用。如果你想要快速了解 ABS、CDO 和 2008 年全球金融危机，可以阅读我的另一本书《每个人的经济学》第 8 章 "银行的麻烦；金融"。

展成为一个全球化的行业。如果没有奴隶，美国的金融业就不可能快速成长，美国也可能会在很长一段时间内只是一个前现代经济体。

被奴役的非洲人不只建设了美国的经济，还引发了地缘政治的调整，最终使美国成为一个大陆规模（continental-size）的国家，尽管这并不是美国的奴隶一力促成的。

1791 年，法属圣多明戈（今天的海地）被奴役的民众在杜桑·卢维杜尔（Toussaint Louverture）的杰出军事领导下反抗法国糖厂主。卢维杜尔本人曾是一名奴隶，1802 年，他被法国人俘虏，并被运往法国，一年后在囚禁中死去。但到了 1804 年，圣多明戈的被奴役者最终驱逐了法国人并宣布独立，让-雅克·德萨林（Jean-Jacques Dessalines）接替卢维杜尔成为领袖。海地建国后立即废除了奴隶制，成为人类历史上第一个在宪法中明确废除奴隶制的国家。

海地革命对美国经济产生了一些直接影响。起义开始后，很多法国糖业种植园主跑到今天的美国路易斯安那州。那里当时是法国的领土，也很适合种植糖作物。他们带来了种植和制糖技术熟练的奴隶，也就带来了更好的耕作和加工技术，使路易斯安那州的制糖业达到了一个新的水平。50 年后，路易斯安那州生产的蔗糖已占据世界蔗糖供应量的四分之一。[17]

但是，海地革命最深远的影响——尽管完全是无意的——是所谓的 1803 年的路易斯安那购地案（Louisiana Purchase）。从海地革命中得到的血腥教训使当时的法国统治者拿破仑决定撤离美洲，特别是撤离法国在北美的殖民地。这片领土当时被称为路易斯安那

（Louisiane），以路易十四^①（Louis XIV）的名字命名，占今天美国领土的三分之一，范围大致从西北的蒙大拿州到东南的路易斯安那州。此前几年，美国一直在与法国谈判购买新奥尔良港和现在的佛罗里达州，当拿破仑决定退出美洲时，他提出将整个路易斯安那"卖"给美国。^②

在路易斯安那购地案之后，美国的领土增加了大约一倍。起初，新领土上的主要活动是采矿，但随着越来越多的欧洲移民来此定居，并且开始耕作，这片领土便成了美国（和全世界）的粮仓，这要归功于它大片的肥沃平地（见"**黑麦**"）。然而，欧洲移民在此定居给美洲原住民造成了无尽的苦难。他们被驱逐出自己世代居住的土地。他们中的许多人最终被安置在"保留地"，过着贫困和被边缘化的生活，还有许多人在到达保留地之前就因武装暴力、贫困和疾病丧生。

路易斯安那购地案随后成为美国国土延伸到太平洋的垫脚石。持续的西进运动随着美国1846年从英国人手中购买俄勒冈地区^③和与墨西哥的战争（1846—1848）而结束，之后，墨西哥被迫低价出售其三分之一的领土（得克萨斯、加利福尼亚和新墨西哥的部分

---

① 除非你了解法国历史，否则你可能会以为是前面十三位路易中的任何一位。恼人的是，法国人用同一个名字命名这么多的国王。
② 这里的"卖"是一种夸大的说法，因为法国在任何意义上都没有真正"拥有"过这片领土，除了几个有限的地区，法属路易斯安那的大部分领土仍由美洲原住民控制，对欧洲入侵者来说是未知的，所以拿破仑"卖"给美国的是在没有法国干预的情况下驱逐美洲原住民的权利。
③ 包括今天的俄勒冈州、华盛顿州和爱达荷州。

地区 ①)。

因此，如果没有被奴役的海地人的反抗，法国就不会从其北美领土撤出。这就意味着，美国虽然仍然会是一个大国，但不是一个大陆规模的国家，而只有今天东部领土的三分之一那么大。这样一个国家是否能成为全球超级大国，显然犹未可知。

在美国正式成为一个大陆规模的国家之后几十年，奴隶制在美国终结。1862 年，正是美国内战的关键时刻，亚伯拉罕·林肯宣布在美国解放奴隶，在北方于 1865 年赢得战争后，这也就成为通行整个美国的法律。英国已经在 1833 年结束了奴隶制，尽管这并没有阻止英国的工厂和银行从奴隶生产的棉花和从美国的奴隶抵押贷款债券中获利。1888 年，另一个主要的奴隶制经济体巴西也结束了奴隶制。

然而，主要奴隶制经济体结束奴隶制并不意味着强制劳动的结束。在整个 19 世纪和 20 世纪初，约有 150 万印度人、中国人，甚至日本人作为契约劳工（contract labour）移民国外，代替被解放的奴隶工作。契约劳工并不是奴隶，然而，他们没有更换工作的自由，在合同期内（3～10 年）只有最低限度的权利。此外，他们中的许多人面临的工作条件与奴隶相似，许多人实际上是被安置在以前的奴隶营房里。巴西和秘鲁的约 200 万日本人，加勒比地区和拉丁美洲各地的华人和印度人，以及南非、毛里求斯和斐济等地的印度人

①　包括今天的加利福尼亚州、内华达州、犹他州以及新墨西哥州、科罗拉多州和怀俄明州的部分地区。

后裔，大部分都是这种大规模国际契约劳工的后代。在废除奴隶制后的几十年里，这种强制劳动一直存在，直到英国在 1917 年废除契约劳工。

自由市场的爱好者经常用"自由"这个词为资本主义辩护。美国人一直为自己拥有"自由企业"制度而自豪。自由市场大师米尔顿·弗里德曼（Milton Friedman）和他的妻子罗斯·弗里德曼（Rose Friedman）最有影响力的著作名为《自由选择》（*Free to Choose*）。著名的自由市场智囊团定期发布经济自由指数，其中美国传统基金会的经济自由指数和卡托研究所的世界经济自由指数是最知名的。

然而，自由市场倡导者所珍视的自由是一种非常狭隘的自由。首先，它是经济领域的自由，包括企业生产和销售其认为最有利的东西的自由、工人选择职业的自由、消费者购买他们想要的东西的自由。如果其他自由——政治或社会自由——与经济自由发生冲突，自由市场经济学家会毫不犹豫地将后者放在首位。这就是米尔顿·弗里德曼和弗里德里希·冯·哈耶克公开支持智利皮诺切特将军（General Pinochet）的军事独裁政权的原因。他们认为，在皮诺切特统治下，由所谓的"芝加哥男孩"①实施的自由市场政策是在捍卫经济自由，他们反对萨尔瓦多·吉列尔莫·阿连德·戈森斯（Salvador Guillermo Allende Gossens）的"社会主义"政策（这些政

---

① 这些人都是在芝加哥大学接受经济学训练，成为自由市场经济学家的。芝加哥大学以自由市场经济学而闻名，哈耶克（1950—1961）和弗里德曼（1946—1977）都曾在芝加哥大学任教。

策并不那么社会主义，但这是另一个故事）。萨尔瓦多·吉列尔莫·阿连德·戈森斯当时担任总统，他在1973年的军事政变中被杀害。[①]

不仅如此，基于这种狭隘的经济自由概念，弗里德曼和美国传统基金会等最看重的自由，是财产所有者（如资本家、地主）以最有利的方式使用其财产的自由。其他人的经济自由可能与财产所有者的经济自由发生冲突，如工人采取集体行动（如罢工）的自由，以及一个强大的福利国家给予失业工人对新工作的一点选择权的自由。这些自由好一点的情况是被忽视，更坏的情况是被指责为损害了效率。更糟糕的是，如果有些人被定义为"财产"，比如被奴役的非洲人，他们的自由就必须通过暴力甚至战争强行镇压，以便他们的"主人"能够自由行使他们的财产权。

在过去的一个半世纪里，资本主义之所以变得"人性化"，只是因为我们限制了财产所有者的经济自由，而资本主义的自由市场倡导者认为，这种自由应该是神圣不可侵犯的。社会引入了保护政治和社会自由的制度，这些制度在政治和社会自由与财产所有者的经济自由发生冲突时保护政治和社会自由。这些制度包括民主宪法、人权法和对和平抗议的法律保护。我们通过许多法律限制财产所有者的经济自由，比如禁止奴隶制和契约劳工、保护工人的罢工权利、建立福利国家（见"**黑麦**"）、限制污染的自由（见"**青柠**"）等。

---

① 智利因此成为新古典自由主义的"零号病人"。到20世纪80年代，新古典自由主义才在其他地方实施，由撒切尔夫人和罗纳德·里根领导（见"**可口可乐**"）。

　　就像烹饪一道菜要把原料混合在一起一样，本章讲述的秋葵的故事把资本主义的经济和其他自由与不自由的故事交织在一起，这些故事的主人公是被奴役的非洲人及其后代、美洲原住民、契约亚洲劳工、使用奴隶和契约劳工的欧洲种植园主以及移民北美的欧洲农民。这个故事显示，资本主义和自由之间的关系一直很复杂，存在冲突，有时甚至是相互矛盾的，这与自由市场资本主义的倡导者向我们讲述的无限自由的故事不同。只有更好地理解这种复杂关系，我们才能明白怎样使资本主义更加人性化。

第 3 章

椰 子

凤梨奶霜酒

波多黎各

朗姆酒、椰奶和菠萝汁

  在我生命的前 35 年里，我对椰子的了解非常有限，而且是负面的。在 1986 年来到英国之前，我甚至从来没有见过椰子，韩国的位置太靠北了，气候不适宜种植椰子，而且那时韩国太穷，无法进口外国水果这样的"奢侈品"。我唯一能买到的是一些椰子果脯、果肉丝，掺在以异域风情为卖点的饼干中。

  20 世纪 90 年代末，我去墨西哥的坎昆度假，这是我第一次去热带海滩度假，在那里我第一次喝到了凤梨奶霜酒（piña colada），自此我对椰子的看法有了彻底的改变。我一直很喜欢菠萝汁，当它与椰奶和朗姆酒混合时，产生了神奇的效果。在墨西哥的假期，我有一半时间在喝菠萝汁，另一半时间在海滩和游泳池的边缘追着我刚学会走路的女儿。

　　吃过一系列用椰奶做成的咸味菜肴后，我对椰子的崇敬之情油然而生。首先是泰式咖喱，包括绿咖喱和红咖喱。然后是叻沙——马来西亚和新加坡的一种辛辣椰浆面汤，以及椰浆饭——马来西亚和印度尼西亚的一种用椰浆和丹桂叶煮成的米饭，椰浆饭通常和炸凤尾鱼干、烤花生、半个煮鸡蛋及黄瓜片这些佐餐小菜以及桑巴（一种辣椒酱）一起吃。在巴西之行中，我爱上了巴西炖鱼（moqueca baiana），也就是巴西巴伊亚州的炖鱼，添加了辣椒和椰奶。南印度和斯里兰卡的菜肴使用椰奶提供丰富的味道，不像北印度的菜肴那样重口味（这不代表我一定喜欢前者而不是后者），当我吃过这些菜肴之后，我对椰子的观感完全改变了。

　　距离我第一次在凤梨奶霜酒中吃到椰奶已经过去了四分之一个世纪，我也开始喜欢吃其他椰子产品。我喜欢椰子水，它有清爽的甜咸味。当我去东南亚或南美的沙拉吧时，我一定会在盘子里堆满棕榈心（尽管它们不一定是用椰树心做的，而大多是由其他棕榈树制成）。[18] 我甚至开始欣赏一些南印度菜肴中使用的椰丝，如酸豆汤或干炖，尽管我仍然不喜欢，而且也不完全认为它加在马卡龙和其他饼干中会好吃（可以说是成见难消）。

　　椰子不仅仅是用来吃的。未成熟的椰子还是一种现成的清洁水源，据说穿越热带水域的长途帆船经常携带未成熟的椰子作为紧急水源。椰子油则是常用的烹饪油，是英国炸鱼薯条店使用的首选植物油，这些炸鱼薯条店是由犹太移民在 19 世纪中期开起来的（这个例子再次说明许多所谓"英国"的东西实际上来自外国,"大蒜"一章已有介绍)。[19] 椰子油是肥皂和化妆品的重要成分。在被石油基润滑剂取代之前,它被用作工厂的润滑剂,并为制造炸药提供甘油(另见**"凤尾鱼"**)。椰子壳的纤维被用来制作绳索、刷子、麻袋、垫子,也被用来填充床垫。椰子也是一种燃料的来源,它的外壳可制成木炭,椰子油可制成生物柴油,在菲律宾椰子就是这样被使用的。

椰子全身都是宝,它是热带地区拥有的自然财富之一,至少许多非热带地区的人是这样认为的。

在英国和加拿大有一种很受欢迎的巧克力棒,有椰子馅,这款巧克力棒叫"奖赏"(Bounty),也许这不是一种巧合。在它的外包装上有清澈的大海、白色的沙滩、一棵椰子树和一个打开的椰子。它可能不是世界上最著名的巧克力棒,但它很受欢迎,足以被列入玛氏公司生产的"庆祝"系列微型巧克力棒,与玛氏、士力架、特趣、银河等巧克力棒齐名。

椰子与热带地区的联系根深蒂固。许多经济学家用所谓的"鲁滨逊经济模型"来教学生一些基本经济概念,这个模型的主题是一种只生产和消费椰子的单一商品经济[20],然而,《鲁滨逊漂流记》中根本没有提到椰子①。

---

① 在水果方面,《鲁滨逊漂流记》中,鲁滨逊吃的是岛上长的青柠、柠檬、葡萄和甜瓜。他种植大麦和大米(鲁滨逊从失事的船上发现了一些用来喂鸡的谷壳,但他以为是空壳就扔掉了,但这些谷壳最后长出了大麦和大米),猎山羊,捕鱼,他的饮食中没有椰子。

椰子在许多人心目中象征着热带地区的自然财富，它也经常被用来"解释"热带地区常见的贫困。

富国常常假设，穷国之所以穷，是因为那里的人民不努力工作。鉴于大多数（如果不是全部的话）穷国都在热带地区，人们经常把穷国的人民缺乏工作热情归因于热带地区的丰饶使当地人能够轻松谋生。他们说，热带地区到处都是食物（在他们的想象中，通常是指香蕉、椰子、杧果），而热带的高温也意味着人们不需要坚固的住所或很多衣服，因此，热带国家的人们不必为生存而努力工作，因而也就不那么勤奋。

这种观点经常用椰子举例——鉴于这种说法具有攻击性，所以大多只是在私下说说。"热带地区缺乏工作道德"这种论调的支持者大胆地认为，热带国家之所以贫穷，是因为"当地人"躺在椰子树下等着椰子落下，而不是努力积极种植，甚至更进一步，去制造东西。

这个故事听起来很有道理。当然，它完全错了。

热带国家里那些聪明的居民没有人会躺在椰子树下，即使他们想要一个免费的椰子。躺在椰子树底下只会被掉下来的椰子砸碎头骨（确实有很多人被掉下来的椰子砸死，甚至有一个都市传说，提到椰子杀死的人比鲨鱼还多，不过这也不是真的）。因此，即使你是虚构中的"懒惰的本地人"，你也不会躺在椰子树下，你可以在其他地方等待（如果你愿意，可以躺下，这一点不做要求），并时不时地去查看一下椰子有没有掉下来。

严肃地说，认为贫穷国家（其中许多是热带国家）的人缺乏职业道德，这完全是一种迷思。事实上，他们比富裕国家的人在工作上更努力。

通常来说，贫穷国家的劳动参与率[①]比富国高得多。根据世界银行的数据，2019 年，坦桑尼亚的劳动力参与率为 83%，越南为 77%，牙买加为 67%，而德国为 60%，美国为 61%，韩国为 63%，韩国可是所谓的工作狂国家。[21]

在贫穷国家，有很大一部分儿童在做童工，而不是去上学。据联合国儿童基金会（United Nations International Children's Emergency Fund）估计，在 2010—2018 年期间，最不发达国家（LDCs）[②]平均有 29% 的 5～17 岁的儿童参与工作（这不包括从事"儿童工作"的儿童，这些工作包括做家务、照顾弟弟妹妹、送报纸之类的事情）。在埃塞俄比亚，有近一半的儿童参与工作（49%），而在布基纳法索、贝宁、乍得、喀麦隆和塞拉利昂等国，童工率（儿童参与工作的比例）约为 40%。[22]

此外，在富裕国家，绝大多数 18～24 岁的人都在接受高等教育（大专、大学及以上）。在一些富裕国家（如美国、韩国和芬兰），相关年龄组中接受高等教育的人所占比例可能高达 90%，而在 40 多个贫穷国家，这一比例不到 10%。这意味着，在富裕国家，大多数人

---

① 劳动力参与率是指一个社会中经济活动人口（或实际劳动力）与全部劳动适龄人口（或潜在劳动力）的比率。
② 按照 2015 年 3 月联合国发展政策委员会制定的标准，最不发达国家是指人均国民总收入（3 年平均数）低于 1035 美元的国家。

一直要到成年初期才开始工作，其中许多人学习的东西可能不会直接提高他们的经济生产力，尽管我相信文学、哲学、人类学、历史等在经济以外的领域非常有价值。

在贫穷国家，活到退休年龄（60～67 岁，视国家而定）的人比富裕国家比例低。但只要他们还活着，贫穷国家的老人的工作年限往往比富裕国家的老人更长，因为他们中的许多人没有钱退休。他们中的很大一部分人一直工作到身体支撑不住，他们种地，开个小店，或从事无偿家务劳动和护理工作。

此外，贫穷国家的人比富裕国家的人工作时间长得多。像柬埔寨、孟加拉国、南非和印度尼西亚这些较贫穷、较"热"国家的人，比德国人、丹麦人或法国人的平均工作时间长 60%～80%，比美国人或日本人的工作时间长 25%～40%（顺便说一下，尽管日本人号称"工蚁"，但人均的工作时间比美国人少）。[23]

如果贫穷国家的人实际上比富裕国家的人工作更努力，那么他们的贫穷就不可能是因为不勤奋，而是由于生产率。与富裕国家的人相比，这些人工作的时间长，产量却少，因为他们的生产率不高。

甚至这种低生产率主要不是由个别工人的素质（如他们的教育水平或健康状况）造成的。对一些高端工作来说，工人的素质很重要，但对于大多数工作来说，贫穷国家的工人作为个体工人，其生产率与富国的工人相当。[24] 只要你想一想这样一个事实，就能很容易理解这一点：从贫穷经济体移民到富裕经济体的人并没有获得额外的技能，也没有经历过健康方面的巨大改善，但他们的生产率在富裕经济体中有了巨大的提高。他们的生产率迅速提高，是因为他们能够在管理更好的生产单位（如工厂、办公室、商店和农场）使用更好的技术，并且有更高质量的基础设施（如电力、交通、互联网）和更好的社会保障（如经济政策、法律制度）的支持。这就好比在一头营养不良的驴子身上挣扎的骑师，突然骑上了一匹纯种的赛马。当然，骑师的技术很重要，但谁赢得比赛主要取决于他所骑的马，或驴。

接下来就要讨论为什么贫穷国家存在这些导致生产率低下的生产技术和社会安排。这是一个复杂的故事，我在这短短的一章中无法讨论大量因素，其中最重要的几个包括迫使这些国家专门生产低价值初级产品（见"凤尾鱼"）的殖民统治历史，棘手的政治分裂，精英阶层的缺陷（生产率低下的地主、没有活力的资本家阶层、没有远见和腐败的政治领导人），对富裕国家有利的不公平的国际经济体系（见"牛肉"）。

显而易见，贫穷国家的穷人之所以穷，主要是由于他们无法控制的历史、政治和技术力量，而不是因为他们个人的缺陷，尤其不是因为他们不愿意努力工作。

围绕椰子建立的错误想法代表了对贫穷国家贫穷原因的根本性误解，让全球精英——不论是来自富裕国家还是来自贫穷国家——都将贫穷归咎于贫穷国家的贫穷个人。把关于椰子的故事讲对了，也许有助于迫使这些精英面对关于历史性的不公和补偿、国际权力不对等和国家经济政治改革的难题。

第二部分

提高生产率

第 4 章

凤尾鱼

凤尾鱼和鸡蛋吐司

我的私房菜谱

吐司加蛋黄酱、炒蛋、腌制凤尾鱼片，并撒上辣椒粉

凤尾鱼是众所周知的小鱼。在韩国，瘦小的孩子被称为"干凤尾鱼"。然而，它可能是世界上对饮食文化影响最大的鱼。韩国人、日本人、马来人、越南人、泰国人、印度人、法国人、西班牙人和意大利人都大量食用凤尾鱼，而且吃法众多。

在亚洲和地中海以外的地区，大多数人与凤尾鱼邂逅的场景是吃以凤尾鱼为配料的比萨饼。这些凤尾鱼大多是地中海口味、切片、盐渍、熟化、油渍保存。在意大利南部，腌制的凤尾鱼被用来制作意大利面酱。在意大利北部的皮埃蒙特，它们被做成一种叫作"巴格纳"的蒜味蘸酱，与蔬菜一起食用，生吃或熟吃都可以。在法国普罗旺斯地区，人们在腌制的凤尾鱼中加入刺山柑和黑橄榄，捣碎

制成橄榄酱，可以当生蔬菜的蘸料，也可以涂在烤面包上。在西班牙塔帕斯地区，用醋和油腌制的凤尾鱼是当地饭馆的一道流行菜。在提笔写作的当下，我又忍不住垂涎欲滴。

在亚洲，凤尾鱼的吃法就多了。在马来西亚和印度尼西亚，凤尾鱼被称为 ikan bilis，晒干后油炸食用，包括作为椰浆饭的佐料使用。韩国人也吃很多干凤尾鱼，它可以当下酒菜，可以单独吃，也可以蘸着五香酱（韩国辣椒酱）吃。还有干炸凤尾鱼，涂上酱油和糖，可以当作一道小菜食用。你也可以根据自己的口味加入各种坚果或绿辣椒。韩国和日本的许多汤料都是用干凤尾鱼和干海带（一种海藻，在韩国以外更常见的名字是昆布）再加上大蒜（对我们韩国人来说）制成。在日本和韩国，凤尾鱼也可以作为生鱼片生吃，尽管这不是一道常见的菜肴。①

尽管吃法多种多样，但凤尾鱼在许多烹饪文化中发挥的最重要作用是作为发酵鱼露的原料。据说罗马人在他们的食物上撒上大量的 liquamen 或 garum（关于这两者是否本质上是一种东西有争论，但我们在此不做讨论）这两种酱料，它们是通常由凤尾鱼制成的发酵鱼露，可使菜肴具有鲜美的味道——浓郁的鲜味，鲜味现在被认为是五种基本味道之一（其他四种为甜、咸、苦和酸）。凤尾鱼是制作越南纽库曼（nuoc mam）和泰国依摩拉（nam pla）时最常使用的鱼。如果没有这些鱼露，泰国或越南食品简直无法想象。说到鱼露，

---

① 凤尾鱼很快就会变质，所以它只能在捕捞地附近做成生鱼片食用。

韩国人相当忠诚地使用凤尾鱼，或称干江鱼仔来制作发酵凤尾鱼酱。好的凤尾鱼酱是制作好的泡菜的一个关键。

虽然听起来可能很奇怪，但美国人应该是发酵凤尾鱼酱的最狂热粉丝。他们喝凤尾鱼酱。每一杯血腥玛丽——美国的招牌鸡尾酒之一（据说是以英国女王玛丽的名字命名的，她是亨利八世的女儿，伊丽莎白一世女王同父异母的姐姐）——都含有藏在伍斯特郡酱中的发酵凤尾鱼酱。[①] 英国人在吃他们最喜欢的烤奶酪吐司时（奶酪吐司见"**香料**"一章），会撒上伍斯特郡酱，也就间接地添加了凤尾鱼酱。

除了带来丰富的味道，凤尾鱼也曾带来很多财富。在 19 世纪中期，它们是秘鲁经济繁荣的根源。这并不是因为秘鲁出口凤尾鱼。[②] 当时，秘鲁的经济繁荣建立在出口海鸟鸟粪（即干燥的鸟粪）上。这种鸟粪是非常珍贵的肥料，含有丰富的硝酸盐和磷，而且没有太多异味。它还被用于制造火药，因为它含有硝石，这是制造火药的关键成分。[③]

秘鲁鸟粪是生活在太平洋沿岸岛屿上的鸬鹚和鲣鸟等鸟类的排泄物。这些鸟以鱼类为食，主要是凤尾鱼。它们沿着南美洲的西海

[①]　伍斯特郡酱由英国公司李派林（Lea & Perrins，现在归美国公司卡夫亨氏所有）在 1837 年首次发售，用醋、蜂蜜、罗望子、香料、糖、盐和发酵的凤尾鱼制成。当然，这些成分的确切比例是一个商业秘密。

[②]　如今，秘鲁也开始直接出口凤尾鱼，或将其制成鱼粉，用于养殖智利等地方的鲑鱼。我要感谢安迪·罗宾逊（Andy Robinson）提醒我这一点。

[③]　椰子提供了火药的另一种关键成分——甘油，可以参见"**椰子**"一章。

岸迁移，"乘着"富含营养的洪堡洋流，从智利南部"飞到"秘鲁北部。这股洋流以普鲁士科学家和探险家亚历山大·冯·洪堡的名字命名；1802年，洪堡在钦博拉索火山（厄瓜多尔最高峰，海拔6263米）爬到了5878米，创造了当时的登山世界纪录。他也是秘鲁鸟粪最早的欧洲拥趸之一。鸟粪对秘鲁如此重要，以至于经济史学家要以"鸟粪时代"（19世纪40年代至80年代）来称呼秘鲁的一个时代。

鸟粪不只对秘鲁很重要。1856年，美国国会通过了《鸟粪岛法案》，该法案允许美国公民在世界任何地方占有含有鸟粪矿的岛屿，只要这些岛屿没有被占领或在其他政府的管辖范围内。该法案为美国在太平洋和加勒比海占领100多个岛屿确立了"合法性"，以对抗英国对秘鲁鸟粪贸易的垄断。英国、法国和其他国家也占领了多个有鸟粪矿的岛屿。

秘鲁的鸟粪繁荣并没有持续很久，在繁荣了30年后，由于过度开采，秘鲁鸟粪的出口开始下降。19世纪70年代发现的硝石（硝酸钠）矿床暂时掩盖了这种影响，这种富含硝酸盐的矿物可用于制造化肥和火药，还可作为肉类防腐剂使用。秘鲁的繁荣随着硝石战争（1879—1884）的爆发而结束。智利占领了玻利维亚的沿海地区（从而使后者成为内陆国）和秘鲁南部沿海的大约一半地区。这些地区有大量的硝石和鸟粪矿藏，智利因此变得富有。

然而，好景不长。1909年，德国科学家弗里茨·哈伯（Fritz Haber）发明了一种从空气中分离氮气的方法，使用高压电制备氨，并制造出了人工肥料。也就是说，哈伯找到了一种使用空气就能制造出化肥的方法,这为他赢得了 1918 年的诺贝尔化学奖。然而,他后来研究毒气并用于第一次世界大战,也因此声名狼藉,至于他获得诺贝尔奖的事也就再没有人提及了。

哈伯的发明被另一位德国科学家卡尔·博世(Carl Bosch)商业化。卡尔·博世为德国化学公司巴斯夫(Badische Anilin und Soda Fabrik,简称 BASF,意思是巴登苯胺①和苏打工厂)工作,后者购买了哈伯的技术。今天,这种工艺被称为哈伯-博世工艺。它使大规模生产人工肥料成为可能,鸟粪也就不再是唯一的肥料。而硝石,作为更重要的硝酸盐来源,也失去了它的价值。智利天然的硝酸盐(鸟粪和硝石)的产量从 1925 年的 250 万吨下降到 1934 年的 80 万吨。[25]

19 世纪的其他技术革新摧毁了几个主要商品出口国。英国和德国发明的人工染料摧毁了全世界的天然染料生产者。人工红色染料,如茜素,使危地马拉的财富化为乌有。当时,危地马拉严重依赖胭脂虫出口,这是一种非常珍贵的深红色染料,用来给天主教红衣主教的长袍染色(还用来给意大利利口酒金巴利着色,金巴利可以用来调制很受欢迎的鸡尾酒尼克罗尼,这是另一个有趣的跟食物有关的故事)。英文的胭脂虫(cochineal)来自拉丁语的 *Dactylopius coccus*,即"胭脂甲虫",但它不是甲虫,甚至看起来也不像甲虫(它看起来更像一只木虱)。

---

① 苯胺,德语为 Anilin,是许多人工染料的基础材料,可制造淡紫色、靛蓝和黄色等染料。它还被用于生产各种药品。

　　巴斯夫在 1868 年开发出用煤焦油生产茜素的技术，在那之前，他们从最黑的东西——煤里提取最珍贵的红色。巴斯夫还在 1897 年开发出了大规模生产人工靛蓝染料（另一种非常珍贵的染料）的技术，摧毁了印度的靛蓝工业，破坏了许多印度劳工的生计，使许多英国和其他欧洲国家的靛蓝植物种植园主破产。

　　20 世纪 70 年代，世界上有一半的橡胶都是马来西亚生产的，但马来西亚需要面对各种合成橡胶日益激烈的竞争。这些合成橡胶是由德国、俄罗斯和美国科学家在 20 世纪上半叶研发出来的。马来西亚后来实现了多样化，开始涉足其他初级商品领域，如棕榈油和电子产品，但来自合成橡胶的打击仍让马来西亚的经济陷入困境。

　　初级商品（农业和矿业产品）的生产者受到的威胁不仅来自合成替代品的发明者。还有一个威胁是，初级商品的生产相对容易，很快就会出现更有效率的生产者。直到 19 世纪 80 年代，巴西还垄断着橡胶业。这使得巴西生产橡胶的地区变得非常富有，当时橡胶经济的"首都"马瑙斯还建起了一座神话般的歌剧院（亚马孙剧院）。1897 年，当时歌剧界最耀眼的新星恩里克·卡鲁索（Enrico Caruso）从意大利远赴巴西演唱。但是，当英国人将这些植物从巴西走私出去，在他们的殖民地马来西亚（当时的马来亚）、斯里兰卡和其他热带地区建立橡胶种植园之后，巴西的经济受到了严重打击。再比如，直到 20 世纪 80 年代中期，越南几乎没有咖啡出口，但随后越南咖啡出口量迅速增加。21 世纪初以来，越南一直是世界上第二大咖啡出口国，仅次于巴西，其他咖啡生产国也因此受到影响。①

　　可见，初级商品主要生产国的地位很容易被破坏，因为初级商品很容易生产。然而，越南对巴西、哥伦比亚和其他咖啡生产国所做的事情，与德国化学工业对秘鲁、智利、危地马拉、印度和其他无数依赖初级商品的国家所做的事情，这两者之间没有可比性。一个经济体掌握了开发制造自然物质的人工替代品的技术能力，也就有能力破坏现有的市场（例如鸟粪）并创造新的市场（即化学肥料）。

　　更普遍地说，如果你有很强的技术能力，你可以克服自然界对你的限制。当德国人没有鸟粪，也没有胭脂虫或靛蓝植物时，他们通过炮制化学替代品解决了这个问题。

　　荷兰虽然国土面积很小（荷兰是除城市国家和岛屿国家之外，世界上人口密度最大的国家之一），但它是世界上第二大农业出口国，仅次于美国，因为它通过技术"扩充"了土地。荷兰人通过温室农业倍增了农业用时，尽管荷兰气候相当寒冷，但一年中可以种

---

①　这些例子表明，发展中国家的"自然"资源并不仅依靠自然。橡胶可能是巴西的作物，但现在最大的三个橡胶生产国是泰国、印度尼西亚和马来西亚。巴西甚至不在前十名之列。主要在拉丁美洲和亚洲生产的咖啡是一种非洲植物，由也门人首先在阿拉伯地区大规模种植。可可最初来自拉丁美洲（厄瓜多尔和秘鲁），但今天世界前五大可可生产国（科特迪瓦、加纳、印度尼西亚、尼日利亚和喀麦隆）来自非洲和亚洲。同样，中国是唯一的茶叶原产国，如今印度、肯尼亚和斯里兰卡也是茶叶的主要生产国。所有这些都表明，我们许多人认为的"自然"禀赋实际上是殖民主义的结果，殖民者将商业上有利可图的作物从世界的另一个地方移植到他们的殖民地，并经常在以奴隶为基础的种植园里种植。

植多种作物。他们通过水培种植进一步扩展了土地面积，即在浮床上种植植物，这样就能够在温室里利用有限的土地之上的空间种植多层植物。除此之外，他们还通过计算机控制施肥，高效地为植物提供高质量的农业化学品，提高了土地的生产力。

另一个例子是日本，它利用高效的燃油技术克服了自身缺乏天然燃料的问题。其他技术能力较弱的国家在 20 世纪 70 年代受到石油危机的冲击时，只能通过减少石油消费来应对。而日本由于具备技术能力，可以通过提高石油的使用效率和发展高效的核电产业克服能源问题。

历史表明，可持续的高生活水平常能通过工业化获得，也就是发展制造业，这是创新和技术能力的主要来源（见 **巧克力** 一章）。

当你通过工业化获得更高的生产能力时，你就能以最 "神奇" 的方式克服大自然的限制。你可以从最黑的煤炭中 "变出" 最鲜艳的红色染料，"凭空" 造出肥料，在不入侵其他国家的情况下将你的国土面积 "扩大" 许多倍。此外，当你获得这些能力时，就有可能长时间维持高水平的生活，因为能力不会像自然资源那样 "耗尽"，这些自然资源既包括不可再生的矿物资源，如硝石，也包括不可避免地被过度开发的可再生资源，如秘鲁那些以凤尾鱼为食的鸟类的鸟粪。

第 5 章

大虾或小虾米

蒜蓉大虾

西班牙

将大虾和蒜放热油里炸

　　我曾经认为英语的"prawn"和"shrimp"是同一种东西的不同叫法，英国人和澳大利亚人喜欢用前者，北美人则喜欢用后者。最近我了解到，它们是两种不同的物种，有不同的身体肢节和鳃。大虾（prawn）的三对腿上都有爪子，而小虾（shrimp）只有两对腿上有爪子。

　　这两种虾还有很多其他区别，但我只是想写一本关于食物而不是生物学的书。我们知道，许多甲壳纲动物非常美味，配以大蒜油炸可以做成地中海口味（如西班牙的蒜蓉大虾），也可以烧烤着吃（盎格鲁国家），或像中国那样用酱料炒，或像南亚那样用精致的香料烹调。日本人则用面糊炸虾，做成天妇罗；也会把虾放在寿司上，有时是熟的，有时是生的。后者被称为"甘エビ"（ama ebi），意思是甜虾，因为它是甜的（真的是甜的）。在韩国，我们用它们制作发酵酱"saewoo-jut"，"saewoo"是韩语"虾"的意思，"jut"是发酵鱼酱的意思，如韩国发酵凤尾鱼酱（myulchi-jut）。在朝鲜半岛的北部，发酵虾酱比发酵凤尾鱼酱更受欢迎，因为它可以让泡菜更快发酵、味道更浓郁。然而，朝鲜半岛北部和南部的人都会同意，吃菜包肉时，煮熟的猪肉应该只蘸发酵虾酱。所谓菜包肉，就是用卷心菜包裹煮熟的猪肉，加上萝卜配菜（腌制的冰晶萝卜丝加辣椒粉）、泡菜和包饭酱（韩国味噌与切碎的大蒜、芝麻油和蜂蜜混合）。

世界各地的人们都非常喜欢大虾和小虾，在不少地方，大片的红树林被砍伐，以为大虾/小虾养殖场让路。根据2012年路透社的一份报告，自1980年以来，世界上约有五分之一的红树林被毁，主要是为了建造虾养殖场。[26]红树林对环境具有宝贵的益处。红树林可以抵挡洪水和风暴，给养小鱼小虾（包括野生大虾/小虾），并为住在附近的人提供丰富的食物来源——水里和森林都能生产很多食物，因此这是一个严重的问题。[27]

仔细想想，大虾、小虾和它们的同类广受欢迎是一件奇怪的事情。

越来越多的人呼吁吃昆虫，因为昆虫作为一种蛋白质来源，比肉类对环境破坏更小。养殖昆虫几乎不产生温室气体，每千克昆虫平均只需要1.7千克的饲料，而牛肉则需要10千克的饲料，还会产生2.9千克的温室气体（另见**"牛肉"**和**"青柠"**）。[28]与动物相比，昆虫每提供 1 克蛋白质需要的水和土地也少得多。[29]然而，对昆虫的需求并没有增加，素食主义和纯素主义却在蔓延。食用昆虫的推广，特别是在欧洲和北美，受到了"恶心因素"的影响，很多人觉得吃昆虫的想法很恶心。[30]

但是，奇怪的是，那些认为吃昆虫恶心的人，大多数都会兴高采烈地吞食大虾、小虾和它们的同类，如龙虾和螯虾（小龙虾）。这是一种奇怪的食物厌恶，至少对我来说是这样。甲壳纲动物和昆虫都是节肢动物（都是令人毛骨悚然的爬行动物），有触角、外骨骼、分节的身体和多对腿。那么，为什么吃甲壳纲动物而不吃昆虫呢？

如果我们给昆虫重新命名，会有更多人吃昆虫吗？比如把蟋蟀称为"丛林大虾"，把蚱蜢称为"田园小龙虾"（或许"香榭丽舍小龙虾"会使它们更受欢迎？）。

但也有人喜欢吃昆虫。中国人、泰国人和墨西哥人以食虫（entomophagy，是一个吃昆虫的花哨术语）而闻名。韩国人直到几十年前才喜欢上吃昆虫。炸蚱蜢相当受欢迎（与墨西哥的"chapulines"非常相似），但到目前为止最受欢迎的是煮蚕蛹。

蚕蛾的学名是 *Bombyx mori*。J. K. 罗琳用罗伯特·加尔布雷斯（Robert Galbraith）的笔名写了惊悚小说《蚕》（*The Silkworm*）。20 世纪 70 年代，在我的童年时代，孩子们在放学的路上会从学校周围的街头小贩那里买一筒（由卷起的报纸制成的包装物）煮蚕蛹，街头小贩会想尽办法赚孩子们的零花钱——棒棒糖、棉花糖、糖饼（Popki，加入小苏打后膨化的焦糖压成的糖饼，后因《鱿鱼游戏》

而闻名世界）、廉价玩具甚至蛋鸡养殖行业淘汰的不能产蛋的雄性小鸡。我曾经买过这样一只小鸡，但它很快就死了，让我心碎。这些小鸡都活不长。

蚕蛹在 20 世纪 70 年代是韩国儿童很喜欢的零食，因为它们很好吃（虽然我个人不太喜欢），而且很便宜，还含有丰富的蛋白质和铁，尽管学校出于卫生方面的考虑，不鼓励学生从街头小贩那里买食物。蚕蛹之所以便宜，是因为它是丝绸制造业这个大产业的"废料"。当时，丝绸是韩国的主要出口产品之一，因此丝绸纺织业在从蚕茧中取出丝后，产生了大量不需要的蚕蛹。

用蚕制作纺织品始于中国。在西欧，丝织业形成较晚，意大利是最重要的丝绸生产地。年长的读者可能还记得贝纳尔多·贝托鲁奇的《一九零零》中有描述蚕室的场景。在这个场景中，年轻的奥尔茂[佃农的儿子，杰拉尔·德帕迪约（Gerard Depardieu）扮演]和年轻的阿尔弗雷多[地主的儿子，罗伯特·德尼罗（Robert De Niro）扮演]在蚕室里交谈，背景是蚕在架子上啃食桑树叶，不间断地发出噪声，这些蚕一起吃桑叶的声音就像大雨落在屋顶上。

日本有悠久的丝织品制造历史（日本人显然也吃蚕蛹），但它的丝绸工业直到第二次世界大战后才开始发展。20 世纪 50 年代，日本成为世界上最大的丝绸（包括生丝和丝织物）出口国，丝绸是当时日本出口量最大的商品。

日本人并不满足于此。他们想在钢铁、造船、汽车、化工、电子和其他"先进"产业方面与美国人和欧洲人竞争。然而，日本在技术上落后于人，所以他们在这些行业没有竞争力。因此，日本政府通过征收高额关税，即进口税（使这些商品的进口非常困难），以及禁止外国公司在日本经营这些行业，保护这些产品的国内生产商免受外国公司竞争的威胁。日本政府还帮助这些行业的本国公司，让受到严格监管的银行向这些公司提供信贷，而不是发展更有利可图的项目，如抵押贷款、消费信贷或向丝绸等成熟行业（利润稍低）提供贷款。

这些政策受到了很多批评，不仅是在国外，在日本国内也是如此。批评者指出，如果日本只进口钢铁和汽车这些东西，集中精力发展它所擅长的丝绸和其他纺织产品，情况会更好。他们指出，如果通过对外国汽车征收关税保护本国低效的乘用车生产商（如丰田和日产），那么消费者要么不得不支付比全球市场价格更多的钱购买国外的汽车，要么就只能驾驶当时发展相对不成熟的日本汽车。此外，他们补充道，通过政府指令人为地将银行贷款引入低效产业，如汽车生产，意味着把资金从高效产业（如丝绸）中拿走，这些产业本来可以使用相同数量的资金生产更多东西。

如果你假定一个国家的生产能力是既定的，这个观点绝对正确。然而，从长远来看，国家可以改变生产能力，变得擅长生产今天不擅长生产的东西。

这种改变不会自动发生，它需要国家投资购买更好的机器、培养工人掌握更高技能和投入技术研究。日本已经发生了这样的改变，在汽车、钢铁、电子和无数其他行业。20 世纪 50 年代，日本的这些行业根本无法在国际市场上展开竞争，但到了 20 世纪 80 年代，它在许多行业成了世界领导者。改变一个国家的生产能力，至少需要 20 年的时间。这反过来意味着，这种变化不可能在自由贸易的条件下发生。在自由贸易的条件下，新产业中那些低效的、不成熟的生产者将很快被优秀的、规模更大的外国竞争者所淘汰。

在一个经济落后的国家保护不成熟的生产者，希望有一天他们会崛起，这就是所谓的"幼稚产业"保护论。这个术语暗示经济发展和儿童发展之间存在着相似性。我们保护和培养我们的孩子，直到他们长大并能够在劳动力市场上与成年人竞争。该论点认定，一个经济落后国家的政府应该保护和培育其"幼稚产业"，直到它们发展成熟，能够在世界市场上与优秀的外国竞争者竞争。

"幼稚产业"保护论不是在日本产生的。它实际上起源于美国，发明者不是别人，正是美国的第一任财政部部长亚历山大·汉密尔顿（Alexander Hamilton），就是你在 10 美元纸币上看到的那张脸，2020 年，林－曼努尔·米兰达（Lin-Manuel Miranda）的音乐剧《汉密尔顿》还引发了一场意想不到的热潮。汉密尔顿认为，美国政府应该保护"处于起步阶段的产业"（原话），以抵御英国和其他欧洲国家的优势竞争，否则美国将永远无法实现工业化。

过程比较曲折。汉密尔顿从 18 世纪英国的保护主义政策中获得了灵感，特别是在罗伯特·沃波尔（Robert Walpole）领导下的保护主义政策，在他的治下，英国开始崛起成为全球工业霸主。汉密尔顿经常被反对他的自由贸易支持者——美国第一任国务卿和第三任总统托马斯·杰斐逊（路易斯安那购地案就是在他的领导下完成的，见"**秋葵**"）——指责为"沃波尔主义者"，因为他总是寻求中央集权和经济干预。[31]

与今天作为自由贸易之乡的公众印象相反，英国和美国在其经济发展的早期曾是世界上保护主义最盛行的国家。他们在取得工业霸主地位后才开始接受自由贸易（见"**牛肉**"）。其他大多数富裕国家的情况也是如此。除了荷兰和（第一次世界大战前的）瑞士，今天所有的富裕国家或地区，从 19 世纪末的比利时、瑞典和德国到 20 世纪末的法国、芬兰、日本、韩国和中国台湾，都在相当长的时间内采取了幼稚产业保护政策，以促进本土工业化和经济发展。

所有这些并不是说保护幼稚产业就可以确保经济成功。就像孩子一样，如果你以错误的方式培养他们，幼稚产业也可能无法"成熟"。20 世纪六七十年代，许多发展中国家因过度保护幼稚产业导致国内生产者自满，而且没有随着时间的推移而减少保护，因此也没有激励这些生产者提高生产力。日本和韩国这样娴熟地使用幼稚产业保护政策的国家试图通过逐渐减少保护防止这种情况，就像父母需要逐渐减少保护并要求孩子在成长过程中承担更多责任一样。

如果没有幼稚产业保护政策，所有那些曾经是"经济'小虾米'"的国家，比如 18 世纪的英国，19 世纪的美国、德国和瑞典，或者 20 世纪的日本、芬兰或韩国，都不可能变成今天的"经济'大鱼'"。

第6章

面　条

茄子意大利面

意大利，由我根据克劳迪亚·罗登的茄丁贝莱（Timballo alle Melanzane）改造而成

通心粉、茄子和番茄酱（主要成分为番茄、罗勒和大蒜），淋上三种奶酪（马苏里拉奶酪、里科塔奶酪、帕尔玛奶酪），并烘烤

　　根据世界方便面协会（是的，这个机构真实存在）的统计，韩国人均方便面消费量排第一，平均每人每年要吃 79.7 份，其次是越南人（72.2 份），再其次是尼泊尔人（53.3 份）。[32] 韩国有 5100 万人，这意味着韩国每年消耗掉约 41 亿份方便面。

　　其中大多数是卷曲、有嚼劲的小麦面条，被称为拉面（或日本拉面）。大多数韩国方便面是汤面，用调料包冲泡制成，范围从相当辣到致命辣。还有一些方便面是拌面，用酱料（通常是辣的，但不一定）拌着吃。

而这只是方便面。韩国还有很多其他面条。

首先，有普通小麦面条，可分为软细面、软粗面和稍有嚼劲的粗面（类似于日本乌冬面）。[①] 这些面条的面汤都是不辣的（我觉得这一点需要改变一下！），软细面也可与蔬菜（有时还有肉）搭配食用，还可以拌入各种酱料（有些辣，有些不辣）。

在小麦面条中加入额外的淀粉，并在高温高压下挤压，就能制作出很有嚼劲的面条——辣嚼面。这种面条可拌以又辣又甜又酸的辣椒酱，搭配蔬菜食用。异乎寻常的咀嚼感结合诱人的辣椒酱，吃辣嚼面的经历相当于参加铁人三项比赛，极其困难，但非常有成就感。

将碳酸钠（Na_2CO_3）混合到小麦面团中，就可以得到碱面，碱面也很有嚼劲。这种面条在韩国最受欢迎。拉面是一种碱面。韩国炸酱面也是一种碱面。它是用劲道的碱面做成的，并配上由猪肉制成的酱汁、洋葱和其他蔬菜（土豆、西葫芦或卷心菜，根据你的口味），拌上发酵的黑豆酱。如果你是韩剧迷，你肯定见过黑豆酱。韩剧中的人似乎一直在吃咖啡色酱面，并且在哪里都吃，餐馆、办公室、家里（外卖，很少有人在家里煮），甚至警察局的审讯室。[②] 据估计，韩国人每天要吃 150 万份黑豆酱拌面，数量惊人。[33]

荞麦制成的面也很受欢迎，它有两种：一种是软的，类似于日本的荞麦面，被称为荞麦面；还有一种较硬、较有嚼劲的，被称为

---

① 有嚼劲的粗面是用刀切割面团制成的，而不是像大多数面条那样通过机器挤出来。

② 黑豆酱拌面是韩国人的比萨饼，想快速地解决一餐又能吃饱就可以吃黑豆酱拌面。

平壤冷面。人们常用牛肉汤（在其发源地朝鲜首都平壤通常用野鸡汤）制作平壤冷面的汤，并用醋和芥末调味。有时人们会向荞麦粉中加入橡果或箭根，让面条更蓬松，也更具乡土风味。

韩国人还用各种类型的淀粉而不是面粉来制作面条。[①] 这类面条中最突出的是"唐面"（당면），即用红薯淀粉制成的玻璃面。在韩语里，这个词的字面意思是中国面条，"당"（音 dang）是韩语里的前缀，表示源自中国。[②] 中国的原始版本是用绿豆淀粉制成的，但我们韩国人更喜欢红薯淀粉（中国人也用红薯淀粉）。唐面也可以用木薯、甜菜和土豆淀粉制作。日本人用马铃薯淀粉制作他们的粉丝，诗意地称之为春雨。在韩国烹饪中，唐面最主要用来做杂菜炒粉丝（用蔬菜丝炒制的粉丝，见"**胡萝卜**"）。它还被用来制作蜂蜜小蛋糕（其实是有馅的饺子）、血肠和一些炖菜，以增加食物的体积（因为它既便宜又能增加饱腹感），并让食物有嚼劲。

奇怪的是，尽管大米是韩国的主要粮食，但韩国没有用大米制作的面条，这也许是因为大米太珍贵了，不能"浪费"在做面条上，不过我们正在迎头赶上。如今，越南米粉和泰国炒米粉的受欢迎程度迅速上升，而韩国人做的米粉还不够好。

就像把所有蔬菜变成泡菜一样（见"**大蒜**"），我们韩国人把几乎所有富含碳水化合物的谷物和块茎都变成面条——小麦、荞麦、

---

① 淀粉是从植物中提取并加工的纯碳水化合物，面粉是磨成粉状的谷物。
② 这个词来源于"唐"，唐是 618—907 年间统治中国的王朝。许多人认为唐朝是中国封建社会的黄金时代。

红薯、马铃薯、甜玉米、木薯、橡树果、箭根、大米，如今甚至还有大麦。但就形状而言，韩国面条基本上只有两种——条状或片状。

因此，我在 20 世纪 80 年代末第一次去意大利旅行时非常惊讶地发现，意大利通心粉并不是当地唯一的面条（意大利人称之为 pasta）。让我特别震惊的是，在我作为研究生参加的意大利暑期学校里，我吃到了米粒面。米粒面是一种看起来像小米粒一样的面食，这个名字的字面意思是大麦或大米，有时也带透明的热汤。吃到这种面时，我以为它是泡饭，因为在韩国，把米饭泡在热汤（清汤或其他）里吃是很常见的。因此当有人告诉我，我刚刚吃的是"面条"时，我简直不敢相信。

在意大利，基本上只有小麦被用来制作意大利面（见"**橡果**"），意大利面的形状有 200 多种，其中有线状或条状，这一点跟在韩国和世界其他地方一样，但也有管状、环状、螺旋状、蝴蝶状、人耳状、贝壳状、谷物状、球状、有馅饺子状、片状和更多无法描述的形状（如马车轮、橄榄叶、陀螺甚至散热器般的形状，这些我都没有吃过）。①

---

① 线状的面食包括长面条（spaghetti）、吸管面（bucatini）、扁细面（linguine）、天使面（capelli d'angelo）和细面（vermicelli），带状的包括缎带面（fettuccine）、宽面（pappardelle）和意式干面（tagliatelle）。斜管面（penne）、粗通心粉（rigatoni）和通心粉（maccheroni）像是直径和长度不同的管子。环形的叫安奈利面（anellini），而螺丝面（fusilli）、特飞面（trofie）和螺旋面（gemelli）是螺旋形或螺丝形。蝴蝶结面（farfalle）、小耳朵面（occhiette）、贝壳面（conchiglie）、米粒面（orzo/risoni）和珍珠面（fregola）也是常见的意面。片状的意大利面有千层面（lasagne），有馅的饺子状意面包括意大利方饺（ravioli）、意大利馄饨（tortellini）和意大利饺子（mezzelune）（半月形）。

意大利人对意大利面的形状非常痴迷,在 20 世纪 80 年代初,世界上最大的意大利面生产商百味来的高端品牌味意乐(Voiello)委托著名的工业设计师乔杰托·乔治亚罗(Giorgetto Giugiaro)设计出了意大利面的终极形状——一种能够很好地保留酱汁而不会过多吸收酱汁的形状,同时具有装饰性,甚至是"建筑性"(这是新料理主义的时代)。[34]

乔治亚罗真的"设计"了一款美丽的、未来主义的面条,这款波浪形的管状面,被命名为马里勒(Marille),并在 1983 年大张旗鼓地推出。不幸的是,它彻底失败了。它生产量有限,销售情况不佳,所以很难买到。更重要的是,这款意大利面复杂的形状,让它很难均匀地煮熟。[35] 鉴于意大利人喜欢有嚼劲的面[①],不能均匀煮熟简直是大罪。

乔治亚罗显然没有因为马里勒的失败而失眠。他是过去半个世纪中世界上最成功和最有影响力的汽车设计师之一。他为几乎所有具有国际声誉的汽车制造商(通用汽车、梅赛德斯-奔驰和日产是少数的例外)设计过 100 多款汽车,从可靠的经典车型,如大众的高尔夫和菲亚特的熊猫,到标志性的豪华汽车,如玛莎拉蒂的吉博力(Ghibli)和莲花的精灵(Esprit)。按照乔治亚罗自己的说法,他把马里勒的失败当作他辉煌的职业生涯中一个有趣的插曲。在 1991 年的一次采访中,他说:"我凭借那份意大利面出了名,甚至上了《新

---

① 意大利语为 al dente,字面意思是"牙齿咬紧",就像咬紧的牙齿一样牢固。

闻周刊》(*Newsletter*)，这不是很有趣吗？"[36]

　　大多数人都不知道，这位来自意大利面食之国的超级设计师早期设计的一款汽车是小马（Pony），这是一款小型汽车，由现代汽车公司于 1975 年推出，该公司在当时是完全不知名的汽车制造商，来自另一个面食之国——韩国。

　　现代汽车公司（HMC）是现代商业集团的一部分，由韩国传奇企业家郑周永（Chung Ju-yung）在 20 世纪 40 年代末创立。现代集团的主要业务最初是建筑业，但在 20 世纪 60 年代末，它开始进入生产率较高的行业，汽车行业是这些行业中的第一个。① 现代汽车公司是作为福特公司的合资企业成立的，最初负责组装由福特英国公司开发的科蒂纳（Cortina）汽车，主要使用进口零件。在运营的头三年（从 1968 年 11 月开始），现代汽车公司仅组装了 8000 多辆科蒂纳，即每年不到 3000 辆。[37]

　　1973 年，现代汽车公司宣布它将切断与福特的关系，生产自主设计的汽车——小马。在第一个完整的生产年度（1976 年），现代汽车只生产了 1 万多辆小马汽车，只相当于福特公司当年产量的 0.5%、通用公司当年产量的 0.2%。[38] 当厄瓜多尔于 1976 年 6 月进口现代汽车时，韩国人欢欣鼓舞。厄瓜多尔只从现代公司购买了五辆小马汽车和一辆公共汽车的事实很少被提及，即使被提及，也被认为是一个无足轻重的细节，重要的是外国人想从韩国人那里购买

---

① 现代集团随后涉足了水泥、工程、造船、钢铁、电子、航运、电梯、炼油、半导体和其他许多高生产率、高科技产业，实现了多元化。

汽车，而韩国人当时以生产假发、缝制服装、填充玩具和运动鞋等需要廉价劳动力的东西而闻名。

尽管这样的开端十分黯淡，现代汽车在接下来的几年里的增长速度是惊人的。1986年，它以其 Excel 车型（小马的升级版）在美国市场上取得了惊人的成绩，被美国商业杂志《财富》（Fortune）评为当年十大最引人注目的产品之一。1991年，它成为世界上少数几个自己设计发动机的汽车制造商之一。到21世纪之交，它成为世界十大汽车制造商之一。2009年，现代汽车（当时正式称为现代-起亚，因为现代1998年收购了其较小的国内竞争对手起亚）生产的汽车数量超过了福特。2015年，挂着现代或起亚牌子的汽车的下线数量超过了通用汽车。[39]

这是一个不可思议的故事。如果你乘坐时间机器回到1976年告诉人们，来自贫穷的发展中国家韩国（人均收入甚至不到厄瓜多尔的三分之二）[40]的一家完全不知名的汽车制造商——实际上只不过是一家汽车修理厂，它的产量将在30多年后超过福特公司，并在不到40年后就能超过通用汽车，他们会认为你是疯子。

这怎么可能呢？当人们听到这种令人难以置信的成功企业时，他们会立即认为背后有具备远见卓识的企业家。事实上，现代汽车的成功背后确实有两位而不仅仅是一位有远见的企业家，那就是现代集团的创始人郑周永和他的弟弟郑世永，郑世永在1967年至1997年期间领导了现代汽车（他在推出小马汽车的过程中发挥了至关重要的作用，因此获得了一个绰号，小马郑）。当几乎所有人都认为现代汽车在国际竞争中毫无生存机会，更不用说成为行业中的佼佼者时，郑氏兄弟怀着雄心勃勃的愿景，努力建立一个有朝一日能够参与全球竞争的公司。他们决定请世界上最好的汽车设计师之一乔治亚罗设计他们的第一辆汽车。他们把现代集团其他更成熟（和盈利）的业务赚来的钱用来维持亏损的汽车业务，这被称为集团内部交叉补贴。

尽管这些企业领导人很重要，但当你更仔细地审视，就会发现现代汽车的成功故事不仅仅是英雄企业家的个人才能的产物，甚至可以说与此基本无关。

首先是现代汽车的生产线工人、工程师、研究人员和职业经理人，他们长时间工作，学习掌握进口的先进技术，在已掌握的技术上逐步改进，最终开发出自己的生产系统和技术，可以与世界顶级汽车制造商，如大众和丰田所拥有的技术相媲美。如果没有一支敬业和有能力的员工队伍，企业的愿景无论多么好，都只是一个愿景。

然后是政府。韩国政府在 1988 年之前禁止进口所有汽车，在1998 年之前禁止进口日本汽车，为现代和其他本土汽车制造商创造了"成长"的空间。这种政策背后的逻辑是保护幼稚产业的发展，其他"战略"产业也可以使用这一逻辑（见**大虾或小虾米**）。这当然也意味着韩国消费者几十年来一直要忍受劣质的国产汽车，但如果没有这种保护，韩国汽车制造商不可能生存和发展。直到 20 世纪 90 年代初，韩国政府都在保证现代汽车和其他战略性高科技产业的公司，特别是出口型公司能够获得高额补贴的信贷。这是通过严格的银行法规和国家对银行部门的所有权^①实现的。这些法规规定银行优先向生产性企业提供贷款，而不是为房屋抵押或消费提供贷款。

政府的政策并不总有帮助。现代汽车之所以决定自主设计车型，实际上是因为韩国政府对汽车行业推行了"国产化"计划。1973年，政府威胁现代汽车和其他汽车制造商，如果他们不推出自己的车型，他们的汽车生产许可证将被撤销。韩国政府还利用其监管和财政权力，对现代汽车和其他公司（包括外国公司和本国公司）施加或明或暗的压力，以增加其产品的"本土性"，即韩国国产零部件的比例，从而使国内汽车零部件行业得到发展（参见"**香蕉**"）。

尽管这些企业家很重要，但如果看得更仔细，现代汽车的成功不只是——甚至不主要是——因为英雄企业家的个人才能。

首先，有许多其他韩国公司以同样的方式获得了成功，如三星（从炼糖和纺织业到成为世界领先的半导体和移动电话制造商）、LG（从化妆品和牙膏到全球显示器市场的头部企业）。

许多你听说过的日本跨国公司也有类似的发展轨迹。丰田公司原本只是一个纺织机制造商，最终成为世界最大的汽车制造商，而三菱公司最初是一家航运公司，后来成为一个横跨造船、核电、电子和汽车等众多行业的跨国公司。所有这些公司的转变都是依靠企

---

① 1961—1983年，韩国所有的银行都由政府所有，其中许多银行直到20世纪90年代初仍在政府手中。即使在今天，仍然有几家国有银行非常重要：韩国发展银行（专门从事大规模的长期贷款）、进出口银行（专门从事贸易信贷）和韩国工业银行（专门向中小型企业贷款）。

业家的聪明才智、公司的努力、企业集团内部的交叉补贴、政府的支持和消费者的牺牲实现的。

芬兰工业巨头诺基亚最初是一家造纸厂，通过类似的方式，一度成长为移动电话的世界领导者，如今的网络硬件和软件的重要制造商。诺基亚电子部门成立于 1960 年，在 1977 年首次赢利，其间不得不长期接受诺基亚业务集团中其他更成熟的业务（纸张、橡胶靴、电缆）的补贴，同时受益于贸易保护、外国投资限制和"公共采购"（政府购买商品和服务）优先权。

即使是美国，一个以其"自由企业"制度为荣，并一直为英雄的企业家大唱赞歌的国家，实际上也毫无例外地体现了现代企业家精神的这种集体性。正是这个国家发明了幼稚产业保护的理论，并竖起了保护主义的高墙，为其初创公司创造了成长的空间，在 19 世纪和 20 世纪初保护这些公司不受外国，特别是英国优越生产商的影响（见 **大虾或小虾米**）。[41] 在此我想重点强调的是，在第二次世界大战后，美国政府通过公共资金发展基础性技术，对其企业给予了关键性的帮助。通过美国国立卫生研究院（NIH），美国政府参与或资助了制药和生物工程的研究。计算机、半导体、互联网、GPS 系统、触摸屏和许多其他信息时代的基础技术，最初都是五角大楼和美国军方的"国防研究"计划开发的。[42] 没有这些技术，就没有 IBM，没有英特尔，没有苹果，也没有硅谷。

在目前占主导地位的自由市场经济学中，企业家精神和企业成功的个人主义观点一直是一个核心神话。在资本主义早期，生产规模较小、技术简单，这种观点可能有一定的意义。在那种环境下，杰出的企业家个人可以发挥巨大的作用，即便如此，企业的成功需要的也不仅仅是个人的才华。自 19 世纪末以来，随着大规模生产、复杂技术和全球市场的出现，企业的成功就是集体而非个人努力的结果了，不仅涉及企业领导人，还涉及工人、工程师、科学家、职业经理人、政府政策制定者，甚至消费者。

正如韩国和意大利这两个痴迷于面条的国家交织在一起的故事所揭示的，在现代经济中，创业不再是个人行为，它是一种集体的努力。

胡萝卜

胡萝卜蛋糕

用胡萝卜、香料和坚果制作的蛋糕

初到英国,我就觉得胡萝卜蛋糕是一种非常奇怪的东西。胡萝卜可以和白菜一起腌制成泡菜,和洋葱、土豆一起煮成日式咖喱,和其他蔬菜一起用油炒做成杂菜①,或放在沙拉里。它不应该用来做甜点的。绝不。

现在,胡萝卜蛋糕是我最喜欢的一种甜点(?),但最初在我眼中,它就像英国人眼中的抱子甘蓝酥皮或美国人眼中的西蓝花馅饼,不应该存在。

仔细想想,咸味和甜味的划分是相当具有文化特异性的。大多数人吃牛油果是咸口的,但巴西人经常把牛油果当甜点,加糖吃。

① 用蔬菜丝炒制,如果你愿意,还可以加上肉丝。

在大多数菜系中，西红柿被归为咸味食材，但在我年轻的时候，在韩国，西红柿被认为是一种甜的东西，它被当作一种水果（从生物学角度讲，西红柿当然是水果），如果不够甜（它往往不够甜），就加点糖。特别是老一辈人，经常称西红柿为"一年生柿子"，因为它有点像柿子，但与树上生长的柿子不同，它是一年生植物，因此有了这个名字。即使在英国（西红柿是咸口的）生活了几年，当我看到 1991 年的一部美国电影《油炸绿番茄》（*Fried Green Tomatoes*）时还是觉得警铃大作。

最初，来自中亚（几乎可以肯定是今天的阿富汗）的胡萝卜是白色的。随后，紫色和黄色品种被开发出来。现在占主导地位的橙色品种是在 17 世纪才由荷兰人培育出来的。[43]

人们普遍认为，荷兰人推广这个新品种是因为它与奥兰治的威廉（荷兰语为 Willen van Oranje）或沉默的威廉（荷兰语为 Willem de Zwijger）有关，他是 16 世纪反抗西班牙统治者的领袖。这样一来，胡萝卜也就成了历史上最具政治性的蔬菜。不幸的是，事实往往会推翻一个好的故事，关于胡萝卜的这个故事似乎没有依据。

在哈布斯堡帝国和低地国家的政治之外，橙色胡萝卜的培育在营养方面具有更重要的意义。橙色来自 β - 胡萝卜素，在食用后人体将其转化为维生素 A。维生素 A 对保持皮肤、免疫系统，特别是眼睛的良好状态至关重要，因此橙色胡萝卜比其白色祖先具有更多的营养益处。与大多数维生素一样，如果你吃得太多，维生素 A 会毒害你。这被称为维生素 A 过量，它让你变得迟钝、视力模糊、骨骼疼痛，在极端情况下，还会导致皮肤脱皮（好疼！）。一些早期的欧洲极地探险家在吃了海豹的肝脏（含有极其丰富的维生素 A）或北极熊（其主要食物是海豹）后，惊恐地发现了这一点。

β-胡萝卜素是一种安全的维生素 A 来源，可以让我们避免维生素 A 过量，因为人体可以调节转化为维生素 A 的 β-胡萝卜素的量。基于这一事实，2000 年，由瑞士的英格·波崔库斯（Ingo Potrykus）和德国的彼得·贝尔（Peter Beyer）领导的一组科学家将两个可以控制 β-胡萝卜素合成的基因（一个来自玉米，另一个来自一种常见的土壤细菌）移植到水稻中，创造了所谓的黄金大米。黄金大米与天然大米不同，含有丰富的 β-胡萝卜素，因此是金黄色的。[44]

大米是一种非常有营养的食物，在同等面积土地的产出能够比小麦养活更多的人，但大米的维生素 A 含量很低。在亚洲和非洲一些吃大米的国家中，穷人很少食用大米以外的其他食物，因此普遍患有维生素 A 缺乏症（VAD）。据估计，每年有多达 200 万人因此死亡，还有 50 万例失明和数百万例干眼症（衰弱性的眼疾）由 VAD 造成。黄金大米有可能使数百万人免于死亡和致残疾病。

在培育出黄金大米后不久，波崔库斯和贝尔就将该技术卖给了跨国农业综合企业和生物技术公司先正达（Syngenta）。总部位于瑞士巴塞尔的先正达公司是一系列并购（M&A）的产物，这一过程的复杂程度堪比基因工程，时间可以追溯到 1970 年，涉及三家瑞士制药公司［汽巴（Ciba）、嘉基（Geigy）和山度士（Sandoz）］、英国化学巨头帝国化学工业（ICI）、瑞典制药公司阿斯特拉（Astra）和中国国有化工企业中国化工。① 先正达公司通过欧盟间接资助了这项研究，因此它已经部分地对这项技术有了合法的使用权利。它买下了这些科学家所有的部分，获得了对黄金大米的控制权。值得称赞的是，这两位科学家与先正达公司进行了艰苦的谈判，允许发展中国家的贫困农民免费使用该技术。

即便如此，还有一些人认为将黄金大米这样有价值的"公共用途"的技术出售给一家营利性公司是不可接受的。两位科学家为自己的决定辩护说，如果由他们自己将黄金大米商业化，他们将不得不为获得超过 70 项专利技术许可而进行谈判，这些技术涉及 32 个不同的所有者。他们说自己根本没有能力谈判，也无法买下这么多专利许可。批评者反驳说，两位科学家只需要拿到大约 30 项关键专利的许可。

显然涉及的专利太多，单个科学家无力处理。不幸的是，尽管专利问题由一家大型跨国公司（MNC）负责处理，但由于围绕转基因生物（Genetically Modified Organism）的普遍争议，20 多年后，黄金大米仍未实现大规模推广。这是另一个故事了。

专利是政府授予新技术发明者在固定期限内的垄断权（也就是

① 1970 年，汽巴和嘉基合并为汽巴-嘉基。1996 年，汽巴-嘉基与山度士合并为诺华（Novartis）。1993 年，ICI 的制药和农业相关业务被分离出来，成立了捷利康（Zeneca），随后与阿斯特拉合并，并于 1999 年成立了阿斯利康（AstraZeneca，因研发出了新冠 Covid-19 疫苗为人所知）。ICI 的剩余部分于 2008 年被荷兰化学公司阿克苏诺贝尔（AkzoNobel）收购。2000 年，诺华和阿斯利康同意合并其农业业务，组成先正达。2016 年，先正达被中国化工集团收购，成为一家中国的国有化工企业。

说让新技术发明成为"专利"），以换取发明者公开该技术。就对知识进步的影响而言，专利是一把双刃剑。它鼓励新知识的创造，向（足够新颖的）新创意的发明者承诺，他们将在一定时期内拥有使用其创意的垄断权（现在是 20 年，过去则短得多，后文我会详细介绍），这将使他们能够随意定价，而不用担心竞争。然而，专利也因此在一定程度上阻碍了新知识的创造，因为其他人在垄断期间不能使用有关技术创造新知识。

问题在于，知识生产中最重要的投入是知识，所以如果大量的相关知识被授予专利，开发新知识的成本就会变得很高，就像黄金大米的情况一样。这就是我所说的"专利互锁"问题，著名经济学家约瑟夫·斯蒂格利茨也称之为"专利丛林"。[45]

专利互锁的问题并不新鲜。19 世纪中期，它使缝纫机行业的技术进步陷入停滞状态。当时，该行业的很多人都在起诉其他人的专利侵权行为，因为他们的技术密切相关。这种做法阻碍了技术的进步。这一僵局直到 1856 年建立"专利池"才解决。缝纫机行业中的公司同意分享所有关键技术的专利，并集中开发新技术，这被称为缝纫机联合体。相关行业创建专利池的例子很多，包括 DVD 和移动电话。

有时，政府尤其是美国政府（那个所谓的专利权的最高捍卫者），会进行干预以建立一个专利池。1917 年，美国准备参加第一次世界大战。此时空战已经很重要，美国政府"建议"（可以理解为"强迫"）飞机行业建立专利池，当时最大的两家飞机制造商莱特公司（Wright Company，由莱特兄弟建立）和柯蒂斯公司（Curtiss）都在其列。20 世纪 60 年代，美国海军为当时领先的半导体制造商德州仪器和仙童（Fairchild）建立了专利池，实际上美国海军资助了几乎全部的早期半导体研究。

如今专利互锁问题变得更加严重，因为越来越多的细微知识成为专利，正如我们在黄金大米的案例中看到的那样（一粒米中包含70 多项专利！）。科学家想要取得重大技术进步，需要一支律师先遣部队清除"专利丛林"。曾经有利于技术创新的专利制度，正在变成技术创新的主要障碍。我们必须改革它。

改进现行专利制度的一个方法是缩短所有专利的期限。专利在18 世纪末的欧洲被首次提出时，其保护期限通常是 14 年，是当时学徒期的两倍。今天，专利保护期为 20 年，制药专利还可以获得长达8 年的额外保护，理由是临床试验需要更多的时间，试验的数据也需要获得保护。没有任何经济理论说 20 年（或 28 年）是最佳的保护期限，也没有任何理论说 20 年比 14 年好，或者说比 10 年好。如果我们缩短专利期限，知识就会更快进入公共领域，从而削弱专利之剑对创新的阻碍作用。

减少专利制度对知识进步的阻碍的另一种方法是使用奖励制度。根据这种制度，技术发明者会得到一次性的奖励（根据对专利有用性的评估，金额与有用性成正比），也就是说，创新技术一经发明就成为公共财产。奖励制度在过去曾成功地激发了人类历史上的一些最重要的发明。英国议会在 1714 年设立 2 万英镑奖金，部分地激发了约翰·哈里森（John Harrison）在 18 世纪 60 年代发明航海天文台，使海上经度的测量成为可能，进而使精确的导航成为可能。[46] 1809 年，法国糖果商和酿酒商尼古拉斯·阿佩尔（Nicolas Appert）发明了"装罐"技术（这更像是"装瓶"技术，因为他使用的是玻璃罐，而不是后来的锡罐，详细的描述可以见**"牛肉"**一章中关于装罐的内容），这是对拿破仑所承诺的奖励的回应。拿破仑想让他的军队吃饱，据说他曾说过"军队靠着它的胃前进"（尽管这句话更可能是普鲁士的腓特烈二世说的）。

在技术突飞猛进的领域，奖励制度实际上可能会给创新者带来更大的利益（从而激发更大的创新动力），因为创新者不必担心会有人研发出更好的技术，使他的技术被淘汰，破坏他的市场——在这种情况下，他拿不到一分钱，即便他享有技术的专利垄断。

我们还可以达成一项国际协议，迫使专利持有者以较低的价格许可他人使用其技术，如果这些技术被认为对开发有公共目的技术是必要的。以黄金大米为例，先正达公司在购买该技术后不久（2001 年）就自愿停止了对它的商业化。当我在 2021 年秋天写作本章时，人们正在讨论是否应该让制药公司以优惠的价格，甚至免费向发展中国家提供其专利疫苗和治疗方法。同样，面对气候危机，我们必须对绿色能源和其他有助于适应气候变化的技术（如海水淡化）采取同样的措施。发展中国家没有能力研发这些技术，至少在有限的时间内没有（见**"青柠"**）。

像所有的制度一样，我们使用专利制度是因为它产生的收益大于它的成本。然而如果情况不再如此，我们就应该修改该制度，无论修改后的形式起初看起来多么离谱。毕竟，我们今天吃橙色的胡萝卜，只是因为 17 世纪的某个荷兰人产生了一个想法：胡萝卜可以是橙色的。

第三部分

全球共同进步

第 8 章

牛 肉

辣牛肉豆

墨西哥

牛肉（或火鸡等其他肉类替代品）与番茄、辣椒、芸豆和巧克力一起炖

世界上哪个国家足球最强？

许多人可能会说巴西，因为巴西赢得足球世界杯的次数最多，有 5 次。那么意大利呢？意大利只赢得了 4 次世界杯，但其人口还不到巴西的三分之一（6100 万对 2.12 亿）。[①]

但足球最强的国家也不是意大利。正确的答案是乌拉圭。

乌拉圭？是的，没错。这个国家是路易斯·苏亚雷斯（Luis Suárez）的故乡。奇怪的是，让这位出色的足球运动员名闻世界的是

---

① 德国也曾 4 次赢得杯赛。然而，意大利仍然领先，因为德国第四次夺冠时的人口（超过 8000 万）数量超过意大利，而之前的三次胜利（1954 年、1974 年和 1990 年）是以联邦德国身份获得的，联邦德国的人口与意大利相似。

他咬了对手。

乌拉圭只有 350 万人口,却两次赢得世界杯。1930 年,它在自己的主场蒙得维的亚赢得了第一届世界杯。之后,它在 1950 年再次夺冠,在当时的巴西首都里约热内卢对阵巴西队,可以说上演了足球史上最大的逆转之一。如果乌拉圭的人口有巴西那么多,也许它将赢得 121 次世界杯冠军,而不仅仅是两次,这将比迄今颁发的世界杯冠军奖杯都要多 100 个[①]。

对于这样一个小国来说,两次获胜就已经是一个惊人的成就了,即使它的第一次胜利是在近一个世纪前,甚至最近的一次也是在两代人之前(所以,还有其他国家上一次赢得世界杯的时间比英格兰还早,希望英格兰球迷听到这一点能够得到一点安慰)。

尽管这一成就令人难以置信,但足球并不是乌拉圭唯一表现出色的领域。它在政治和公民权利方面的表现也令人印象深刻。1912年,它成为拉丁美洲第一个妇女可以在没有任何原因的情况下申请离婚的国家,它也是世界上妇女最早获得选举权的国家之一(1917年)。[②]

与足球、政治或民权相比,乌拉圭的牛肉产业也许没有那么吸引人,但它是乌拉圭在国际联盟中一直处于领先地位的另一个领域。目前,乌拉圭是人均牛头数量(cattle per person)最多的国家。[47] 乌

---

① 此处指本书原版写作时,2022 年世界杯还未举办。——编者注
② 我不想给人一种错误的印象,认为这个国家一直站在天使的一边。1973—1985 年,乌拉圭经历了残酷的军事独裁统治。

拉圭的牛肉不仅具有数量上的优势，也具有质量上的优势。乌拉圭是第一个实现每头牛都可以追踪的国家（2004 年）。[①] 从历史上看，乌拉圭是第一个大规模生产浓缩牛肉汁的国家，最初是将牛肉汤浓缩成浓稠的液体（因此这种牛肉汁也被称为"液体牛肉"），后来制成标志性的牛肉高汤块奥克斯（OXO）。

1847 年，因研究植物营养而闻名的德国科学家、有机化学奠基人之一的尤斯图斯·冯·李比希（Justus von Liebig）发明了浓缩牛肉汁。李比希认为他的牛肉汁可以让那些买不起牛肉的穷人获取牛肉中的营养成分。不幸的是，他发明的浓缩牛肉汁原材料过于昂贵，大多数人仍然负担不起，因此在接下来的 15 年里，浓缩牛肉汁仍然是一种小批量生产的烹饪奇物。

到 1862 年，一位在乌拉圭工作的年轻德国铁路工程师格奥尔格·克里斯蒂安·吉伯特（Georg Christian Giebert）得知了李比希的发明。吉伯特建议在乌拉圭生产浓缩牛肉汁，因为邻近的阿根廷和巴西牛肉非常便宜——基本上是皮革工业的副产品。由于当时没有冷藏船，牛肉并不能出口到欧洲和北美的潜在市场。[②]

1865 年，李比希浓缩牛肉汁公司（LEMCO）在伦敦成立。生产设施建立在乌拉圭的弗赖本托斯镇，该镇以 17 世纪的一位隐士的

---

① 这不是说乌拉圭牛肉味道一定是最好的。在我有限的经验中，阿根廷牛肉的味道至少和乌拉圭牛肉一样好，如果不是更好的话。我对巴西特有的 picanha 牛肉也情有独钟。

② 冷藏船在 19 世纪 70 年代就已经被发明出来，但在 20 世纪初才开始大量应用。

名字命名，据说他曾住在附近的山洞中。[48] 弗赖本托斯工厂有自己的研究和开发实验室（应用科学知识开发可商业化的产品和生产技术），在当时，只有技术最先进的公司，如德国化学巨头巴斯夫（见"凤尾鱼"）才拥有研发实验室。[49] 许多历史学家认为 LEMCO 是世界上第一家跨国食品公司（关于跨国公司，或称 MNCs，见"香蕉"），因为它后来在全球多个地区（欧洲、南美和非洲）开展业务。

LEMCO 的浓缩牛肉汁最初被称为——非常"有想象力"的——Lemco（废话！）。尽管有着人类商业史上最蹩脚的名字，但该产品却在全世界大受欢迎。它为制作令人满意的牛肉汤提供了一种方便廉价的方法，即使没有提供冯·李比希最初认为的营养成分（事实证明，浓缩过程去除了牛肉的大部分蛋白质和脂肪，也去除了大部分营养成分）。[50] 1908 年，这种提取物被制成干燥的立方块（更方便了），并被重新命名为 OXO。

在浓缩牛肉汁获得成功后不久，LEMCO 又推出了另一款世界性的产品——玉米牛肉（corned beef）罐头，它于 1873 年开始生产。

腌牛肉——用盐腌制的牛肉——在欧洲已经存在了几个世纪，甚至更久。但 LEMCO 公司使用更便宜的原料和简便的保存技术，使更多的人能够享用这种产品。制作腌牛肉通常使用牛腩，但如果使用的牛肉不是牛腩，并将肉剁碎（估计是为了使人们无法发现牛肉的部位没有那么好），本就廉价的乌拉圭牛肉还能更便宜。通过装罐，LEMCO 使腌制牛肉的保质期比原来的盐腌技术所允许的要长得多，因此可以被出口到更远的地方。

与 OXO 方块一起，玉米牛肉罐头"成为整个欧洲工人阶级的主食，在这以前肉类对他们来说是一种奢侈品。它们还为布尔战争期间的英国士兵和第一次世界大战中的英军和德军，以及罗伯特·法尔肯·斯科特（Robert Falcon Scott）和欧内斯特·沙克尔顿（Ernest Shackleton）等极地探险家提供了廉价、可长期保存且易于携带的口粮"，这是获奖旅游作家沙菲克·梅吉（Shafik Meghji）为 BBC 报道弗赖本托斯世界遗产保护区时所说的话。[51]① 在第二次世界大战期间，玉米牛肉是英国平民和士兵获取蛋白质的主要来源。1942 年 4 月至 9 月，在所谓的大西洋战役的高峰期，从美国运往英国（和苏联）的相当一部分食品被德国 U 型潜艇击沉（直到英国人破解了德国海军所谓的无法破解的"英格玛"密码），罐装玉米牛肉占英国肉类配给的七分之一。[52]

玉米牛肉之所以被称为玉米牛肉，并不是因为它含有玉米（或甜玉米），虽然现在大多数人是这样理解"玉米"（corn）一词的。corn 这个词指代玉米（maize）是相对较新的美国用法。在较早的英国用法中，这个词意味着谷物，任何类型的谷物，而不仅仅是玉

---

① 1924 年，LEMCO 被英国的维蒂集团（Vestey）收购，并更名为 Frigorífico Anglo del Uruguay（简称 El Anglo），反映了当时它正在出口大量的冷冻和冷藏牛肉（frigorífico 在西班牙语中意为冰箱）。El Anglo 在 20 世纪 60 年代以前一直是全球食品工业的主要力量，此后它进入了衰退期。曾经是 El Anglo 的工厂、实验室、办公室和生活区的建筑群于 1979 年停止使用，2015 年被联合国教科文组织列为世界文化遗产。

米。① 玉米牛肉这一名称来自这种牛肉的腌制方式，过去是用盐粒（corns of salt）进行腌制，现在则通常使用盐水代替。

只要仔细想一想，大多数英国人就会意识到，他们经常遇到"corn"这个词的旧用法。他们中的许多人住在一个有"谷物交易所"（corn exchange）的小镇上，那是过去的谷物市场（在美国，这样的建筑被称为"grain exchange"）。相当多的英国人一定也在中学历史课上了解过《谷物法》（Corn Laws）。

《谷物法》于1815年出台，旨在为英国的谷物生产者提供保护，如对便宜的外国谷物征收进口关税或禁止进口。尽管英国早在15世纪就有许多相关法律，但1815年的立法特别具有争议性，因为它出现在工业革命的黎明，当时制造业正在快速扩张，因此城市人口迅速增长。对于必须购买而不是种植谷物的城市居民（工人、文员、店主和资本家）来说，《谷物法》是可恨的。

批评者认为，如果没有《谷物法》，英国可以进口更便宜的外国谷物，使其城市人口（甚至许多必须购买粮食的农村人口，如农业工人）买到更便宜的食物。他们指出，有了更便宜的食物，资本家就会获得更多的利润（因为他们支付给员工的工资更低），从而能够更多地投资于制造业，而这些产业当时正在推动国家的繁荣。有的

---

① "corn"这个词含义的变化造成了一些很大的混淆。18世纪小说《鲁滨逊漂流记》的一些插图（你可以在互联网上找到）中就绘有整齐种植的玉米，而克鲁索说的是种植谷物，具体是指种植大米和大麦（关于《鲁滨逊漂流记》的饮食细节，见"**椰子**"等）。

批评者认为，如果不施行《谷物法》，整个国家会更好，即使这意味着农业地主的租金收入减少，种植谷物的农民的利润降低。

著名的反《谷物法》联盟于1838年由理查德·科布登（Richard Cobden）和约翰·布莱特（John Bright）两位英国国会议员成立，英国前首相玛格丽特·撒切尔所崇敬的政治英雄中就有这两位政治家。[53] 在非农业团体（工业革命使这些团体的数量和力量不断增加）的支持下，该联盟开展了一场非常有效的运动，并在1846年成功地促使该法律被废除。[54]

20世纪最知名的自由市场经济学家米尔顿·弗里德曼（Milton Friedman）在他与妻子罗斯·弗里德曼（Rose Friedman）合著的极具影响力的《自由选择》（*Free to Choose*）一书中说，废除《谷物法》是"终结政府对工业和贸易的限制的战斗中的最后胜利"。用弗里德曼夫妇的话说，废除《谷物法》使英国"迎来了四分之三个世纪的完全自由贸易，一直持续到第一次世界大战爆发，并完成了几十年之前开始的向高度有限政府的过渡"。[55] 关于资本主义历史的主流观点认为，在英国领导下的自由贸易和资本自由流动基础上，"自由"国际经济秩序得以建立，带来了一段前所未有的全球繁荣期，直到它遗憾地被两次世界大战和大萧条造成的经济和政治动荡所打乱。[56]

然而，像所有这类故事一样，这个自由贸易的"起源故事"充满了扭曲和神话。让我们暂时搁置这样一个事实，即弗里德曼夫妇谴责"政府对工业和贸易的限制"会产生反作用，然而正是这些限制使英国制造业在该国推行自由贸易之前取得了全球主导地位（见

"大虾或小虾米")。① 同时，让我们忽略这样一个"细节"，即英国实际上并没有随着《谷物法》的废除完全过渡到自由贸易。1848 年，仍有超过 1100 种物品的进口需要缴纳关税（其中许多仍然很高），直到 1860 年，英国才可以说是一个真正的自由贸易国家，只有不到 50 种物品的进口需要缴纳关税。[57]

即使我们忽略这两个"不和谐的事实"，自由贸易的"创世神话"中还有一个明显的漏洞：英国实际上甚至不是第一个实行自由贸易的国家。这一荣誉实际上属于拉丁美洲国家，它们在 19 世纪前 30 年实行了自由贸易政策，比英国早了好几十年。[58]

拉美国家可能是自由贸易的先驱，但它们的"自由"贸易并不是自由选择的。在 19 世纪头几十年，它们从西班牙和葡萄牙殖民者手中获得独立后，又被以英国为首的欧洲列强强迫签署了所谓的"不平等条约"。这些条约有很多不平等要求，比如剥夺"关税自主权"，即一个国家制定自己关税的权利，从而将"自由"贸易强加给弱国。② 列强只允许设置很低的统一关税率，通常是 5%，甚至可能低至 3%，这样拉美国家的政府可以增加一些收入，但不影响国际贸易流动。

---

① 1860 年，英国制造业的产量占世界制造业产量的 20%，而到 1870 年，英国占世界制成品贸易的 46%。
② 其他不平等要求中最重要的是"治外法权"。这意味着"强国"的公民不用在弱国的法院受审，因为其法律制度被认为对较"先进"国家的公民来说质量太低。这些条约还给予"强国"的个人和公司以优惠的价格开采自然资源的权利（例如采矿权、伐木权）。

　　从 19 世纪 30 年代开始，其他还保持独立的弱国，如土耳其（当时的奥斯曼帝国）、泰国（当时的暹罗）、伊朗（当时的波斯）和中国，都被迫签署不平等条约，并被迫加入"自由"贸易者的行列。从 1853 年起，日本也不得不签署这样的条约，当时它被美国海军准将佩里的"炮舰外交"强行打开国门。当这些条约在 20 世纪头十年到期时，日本迅速放弃了"自由"贸易，并将其工业关税提高到平均 30% 左右，这样它就能扶持其新兴工业的发展，以抵御来自外国优秀生产商的竞争（见"**大虾或小虾米**"）。拉美国家在 19 世纪七八十年代其不平等条约到期时也做了同样的事情。

　　在整个 19 世纪和 20 世纪初，强制的自由贸易在全球范围内蔓延，但保护主义在欧洲大陆（除荷兰和瑞士外）和北美国家却是常态。[59] 美国在这方面尤为强势，从 19 世纪 30 年代到第二次世界大战期间，美国的平均工业关税率约为 35%～50%，在这一时期的大部分时间里，美国都是世界上保护主义最盛行的国家。

　　事实证明，弗里德曼夫妇描述的"四分之三个世纪的完全自由贸易"时期，并不是我们通常理解的"自由"贸易时期。在欧洲和北美的几十个国家中，只有少数国家（英国、荷兰和瑞士）可以自主地选择实行自由贸易政策。所有其他的"自由"贸易国家都是在被迫的情况下这样做的，而不是出于自由选择。亚洲和拉丁美洲的弱国在不平等条约下被迫实行"自由"贸易政策，欧洲大国在亚洲和非洲的殖民地被迫与它们的殖民统治者进行"自由"贸易。

　　幸运的是，对自由贸易的支持者来说，今天的国际贸易体系已经不再被这类"不自由的自由贸易"所损害。不平等条约在 20 世纪 50 年代就已经全部失效了。到 20 世纪 80 年代,大多数人口大国已经去殖民化了,尽管仍有很多国家令人惊讶地处于殖民统治之下(约 60 个)。[60] 最重要的是,自 1995 年以来,国际贸易由世界贸易组织(WTO)监管,所有成员国都有平等的投票权,这一点与所有其他国际组织不同,因为在其他国际组织中,军事和 / 或经济实力较强的国家在形式上拥有更大的发言权。[①]

然而,所有这些并不意味着国际贸易中不存在权力不平衡的问题。即使它们不像以前那样由强权公然和粗暴地控制,但更强大的国家仍然具有权力,能够为了自己的利益塑造和管理国际贸易体系。

首先,更强大的国家在制定世贸组织规则的初步谈判议程方面有更大的影响力,能够确保制定的规则对它们有利。例如,世贸组织更少限制对农业生产者的贸易保护和补贴,更多地限制对制造业公司的贸易保护和补贴。原因不难猜到,相对而言,富国的农业比较弱,穷国的制造业比较弱。再比如世贸组织有一条规则是限制各国政府监管在其境内运营的跨国公司。世贸组织禁止成员国提出"本土化要求",即要求跨国公司在本国购买超过一

---

① 联合国安全理事会的 5 个常任理事国(美国、英国、法国、俄罗斯和中国)拥有一票否决权。在世界银行和国际货币基金组织(IMF),一个国家的投票权与它所缴纳的股本挂钩,因此富国拥有极大的权力。结果就是富国拥有大多数的投票权,如美国对关键决策拥有事实上的否决权。

定比例的零部件，而不是进口（见"**香蕉**"和"**面条**"）。这一规则对富国大有好处，因为大多数跨国公司都来自富国。这些例子表明，即使所有国家都遵守同样的规则，更强大的国家也可能会从这个系统中获得更多的利益，因为它们能够确保规则的内容有利于自己。

此外，规则条文是一回事，执行规则是另一回事。以世贸组织的关税规则为例，它字面上有利于发展中国家，允许它们使用更高的关税。然而，发展中国家从执行这一规则中获得的利益很有限，因为富国往往利用金融权力阻止发展中国家充分使用其关税配额。富国把贸易自由化作为它们对发展中国家提供财政支持的一个关键条件，包括它们给予的双边"外援"和通过它们控制的世界银行和国际货币基金组织等多边金融机构所发放的贷款。在其他时候，它们利用"软实力"（或者，用一个更高级的术语来说是"意识形态的力量"），通过学术界、国际媒体和政策智囊团说服发展中国家接受自由贸易对其有好处的观点。结果，现在发展中国家的实际工业关税率平均为 10% 左右，尽管根据 WTO 规则，这些国家的关税率可以达到 20%、30%，甚至更高（视国家而定）。这表明，权力并不仅仅意味着让别人做一些违背他们意愿的事情，它还意味着让别人因为害怕你的惩罚而不去做符合自己利益的事情，甚至认为这样做有违自己的利益。

由于人类对牛肉无穷无尽的需求，加上保存技术的发展（浓缩、装罐、冷藏），牛肉在过去一个半世纪中征服了世界。

环境学家瓦茨拉夫·斯米尔（Vaclav Smil）曾直言不讳地说，牛肉的主导地位让地球变成了一颗"牛的星球"。① 就温室气体、森林砍伐和水的使用而言，牛肉产业给地球带来了巨大的环境负担（见**"大虾或小虾米"**和**"青柠"**）。[61] 牛肉在人类食品系统中已经占据了极其重要的地位，在讨论肉类在人类社会和经济中的作用时，都不能不去讨论牛肉，无论是积极的还是消极的作用。

同样，随着资本主义的崛起以及由此产生的自由市场和自由贸易经济学意识形态的传播，"自由"已经成为我们思考社会和经济问题的一个主导概念。任何带有"自由"或"自由"字眼的想法都被认为是好的，自由贸易、自由市场、言论自由、新闻自由、自由战士等；反过来，任何可能压制"自由"的东西都被认为是原始的、压抑的和落后的。

然而，自由有很多不同的概念，不是对每个人都有明确的好处（见**"秋葵"**）。就自由贸易中的"自由"而言，仅仅意味着跨国贸易有不受国家政府的管制（如进口禁令）或不被征税（如关税）的自由。不多，也不少。因此，像第一个自由贸易时代（19世纪和20世纪初）那样有违常理的情况出现了。当时"自由"贸易几乎完全由"不自由"的国家实行，这些国家由于殖民主义和不平等条约而被剥夺了决定自己未来的权力。即使各国在形式上是平等的，如在当前的（第二个）自由贸易时代，自由贸易仍然不意味着每个国家

---

① 斯米尔的《数字里的真相》（*Numbers Don't Lie*）一书中有一章的章名就是"牛的星球"，根据他的计算，牛的总质量是人类的1.5倍，是大象的200倍。

都能平等受益，因为国际贸易的规则是强国为了自己的利益制定和
维护的。

只有理解了国际贸易权力的不平衡，而不是被"自由"这个词
迷惑，我们才能理解像自由贸易这样本应对所有人都有好处的规则
为什么会在国家之间引起这么多的争端和冲突。

第9章

香　蕉

我做的猫王三明治

美国

烤面包片上抹花生酱，放香蕉片，并淋上蜂蜜

（据说）有很多菜肴都是以发明者的名字命名的，如东坡肉、凯撒沙拉和纳乔墨西哥玉米片。[1] 还有些菜名是为了纪念（据说）某个人或因为献给某个人而得名，如惠灵顿牛排、玛格丽特比萨和梅尔巴蜜桃。[2]

不过，猫王三明治（Elvis sandwich）之所以以猫王（Elvis Presley）为名，仅仅是因为这道菜备受猫王喜爱。猫王三明治，或简称"猫

---

[1]　分别是中国诗人苏东坡，意大利裔美国厨师凯撒·卡迪尼（Cesare Cardini），墨西哥厨师伊格纳西奥·纳乔·艾纳亚（Ignacio Nacho Anaya）。

[2]　分别是第一任威灵顿公爵阿瑟·韦尔斯利（Arthur Wellesley），他是在滑铁卢战役中击败拿破仑的英国将军；玛格丽特王后（Queen Margherita），意大利统一时的王储妃；奈丽·梅尔巴（Nellie Melba）是澳大利亚女高音歌唱家。

王",是一种以香蕉和花生酱为主要食材的三明治(通常是用这两种
材料制作的,但也不一定,有时候也可以加培根、蜂蜜或果冻)^①,受
到美国传奇摇滚歌手(在很多人心目中他就是"摇滚之王")猫王的
喜爱。据说猫王经常吃这个,于是人们以他的名字来称呼它。

我的妻子和这位"摇滚之王"也有共同之处。花生酱和香蕉夹
心,略微淋上点蜂蜜的三明治,是我妻子最喜欢的早餐之一,我经
常和她一起吃。香蕉的甜味、奶油味和花生酱的坚果味、微咸味结
合,简直让人无法抗拒。

我得承认,把香蕉作为三明治的馅料,是食用香蕉的一种相
当不寻常的方式。香蕉确实可用来制作"甜品"(sweet goods,如
香蕉面包或香蕉松饼)或甜点(dessert,如美国的香蕉饼或英国香
蕉太妃派)。但香蕉主要被当作一种水果来食用,就像苹果或草莓
(嗯,草莓也是一种水果,不是吗?)那样单独食用,或作为早餐谷
物、酸奶或冰激凌的水果配料。

然而,只有不生产香蕉的国家的人才这么吃香蕉。据估计,有
85%的香蕉是在香蕉产地消费的,包括南亚、东南亚、非洲、南美
和加勒比地区。⁶²在这些地区,香蕉当然也作为一种水果食用,但
更多的时候,它们被做成熟食,是膳食中的一种碳水化合物来源
(你可以煮、蒸、炸、烤,或用其他方式烹饪香蕉),也被当作蔬菜
做成咸味的菜(特别是在印度南部)。除了所谓"烹饪香蕉",还有
大蕉,也是可以烹饪的。被称为"甜点香蕉"的较甜的品种(这是

① 这里的果冻是指在初次烹饪后过滤掉果肉制成的果酱,而不是明胶甜点。

香蕉生产地区以外的人所知道的香蕉，因为 95% 的国际贸易香蕉是甜点香蕉）[63][①] 也可以烹饪，这毫不奇怪，因为这两种香蕉是同一物种栽培出来的不同品种，香蕉生产国的许多人往往不区分这两种香蕉。[64] 在许多非洲国家，香蕉还被酿造成啤酒。在乌干达、卢旺达和喀麦隆等国家的农村地区，香蕉可以提供高达 25% 的日常热量摄入。[65]

香蕉原产于东南亚。据估计，它是在几千年前被驯化的。[66] 在驯化过程中，人类选择了无籽的突变体，因为这个品种有更多可食用部分，香蕉因此失去了自然繁殖的能力。没有人类的干预，驯化的香蕉是无法繁殖的，这种干预包括"移除和重新种植从成熟植物的地下茎（或根茎）长出的无性繁殖的插条"[67]，以这种方式繁殖的香蕉在基因上都是相同的。[②]

---

① 尽管全世界有超过 1000 个品种的香蕉，但国际贸易中几乎所有（95%）的香蕉（以及全世界生产的大约一半香蕉）都是同一个品种，即卡文迪许香蕉（'Cavendish'）。该品种开发于 19 世纪 30 年代中期，以第六代德文郡公爵威廉·卡文迪许（William Cavendish）的名字命名。当然，香蕉不是卡文迪许自己开发的，而是他的园丁及朋友约瑟夫·帕克斯顿（Joseph Paxton）培育的。帕克斯顿将新的香蕉品种命名为 *Musa cavendishii*（*Musa* 是包括各种香蕉品种的芭蕉属），以纪念他的雇主和朋友，因为它是在德比郡查茨沃斯宫的温室里开发的，这座温室是卡文迪许家族的公爵府所在地（不要问我为什么德文郡公爵的府邸在德比郡，而不是在德文郡，英国贵族世界的奇特和怪异无处不在）。

② 这意味着与其他作物相比，香蕉的基因很容易变得单一，尤其是在赢利为王的商业环境中。香蕉的基因库非常有限，因此也就难以控制疾病。当前，人们担心占国际贸易 95% 的卡文迪许香蕉很可能被巴拿马病摧毁，这是一种由真菌引起的枯萎病。香蕉业之所以会出现这种情况，是因为它犯了一种在历史上反复出现的错误——为追求利润而减少遗传多样性。卡文迪许香蕉本身是 20 世纪 50 年代出现在商业舞台上的替代品种，在此之前主导市场的商业品种是大麦克香蕉（Gros Michel），它被巴拿马病的早期品种 TR 1 号，也就是热带种族一号（而不是现在的 TR 4 号品种）所摧毁。

在公元前 2000 年和公元前 1000 年之间的某个时候，香蕉穿过印度洋到达非洲（我知道这个时间跨度很大，但事情就是这样）。[68]因此，当第一批欧洲人（葡萄牙人）于 15 世纪 70 年代到达撒哈拉以南的非洲的西海岸时，香蕉已经在非洲大陆上繁衍了至少几百年，甚至可能 1000 年。葡萄牙人从非洲中西部的班图语中吸收了 "banana" 这个词来称呼香蕉。[69]讽刺的是，欧洲人直到 1521 年葡萄牙的费迪南·麦哲伦（Ferdinand Magellan 或葡萄牙语 Fernão de Magalhães）船长进行著名的跨太平洋航行时，才在香蕉的老家东南亚遇到了它。[70]

葡萄牙人用香蕉喂养被奴役的非洲人，他们强迫非洲人在马德拉群岛和加那利群岛（1479 年之前部分属于葡萄牙）生产糖。当他们开始将非洲人作为奴隶运往美洲时，香蕉（尤其是大蕉）和大米就是奴隶船上的主食。在种植园里，葡萄牙人鼓励奴隶在留给他们的小块土地上种植香蕉，目的是作为食物补充他们贫乏的口粮。在合适的气候条件下，香蕉植株一年四季都能生长，而且产量极高，每英亩[①]可产 20 万磅[②]，是山药产量的 10 倍、土豆的 100 倍，并且只需投入极少的人力。[71]它是奴隶自己耕种的土地上的理想作物，因为奴隶主希望奴隶在这些土地上花费的时间越少越好。

香蕉进入美洲，成为以奴隶为基础的种植园经济机器上的一个重要齿轮，但几个世纪后，它成为该地区许多国家出口经济的引擎。

---

① 1 英亩 ≈ 4046.86 平方米。——编者注
② 约为 9.07 万千克。——编者注

19世纪末，铁路、蒸汽船和制冷等技术进步使易腐烂的农产品的远距离大规模出口成为可能（另见"黑麦""秋葵""牛肉"）。香蕉是这些技术进步的主要受益者之一。香蕉因其易腐性，直到19世纪末都是一种奢侈的水果，甚至在离美洲香蕉种植国很近的美国也只有很少量的香蕉销售。当美国大规模进口香蕉成为可能，美国的公司，尤其是联合水果公司［United Fruit Company，简称UFC，现在叫金吉达（Chiquita）］以及它规模稍小的竞争对手标准水果公司［Standard Fruit Company，简称SFC，现在叫都乐（Dole）］，在加勒比地区（古巴、多米尼加共和国、海地）、中美洲（特别是洪都拉斯、哥斯达黎加、尼加拉瓜、巴拿马和危地马拉）和南美洲北部（哥伦比亚和厄瓜多尔，它们是当今世界最大的香蕉出口国）建立了大规模香蕉种植园。

美国的香蕉公司很快就主宰了这些国家的经济。例如，在洪都拉斯，联合水果公司和标准水果公司控制了铁路、电灯、邮件、电报和电话。[72] 20世纪30年代，联合水果公司是危地马拉"最大的土地所有者、最大的雇主、最大的出口商和国家铁路的所有者"。[73] 在依赖香蕉出口的国家，美国的香蕉公司被许多人称为El Pulpo（八爪鱼），也就是章鱼，因为它们几乎控制了经济的方方面面。[74]

这种近乎绝对的经济控制自然使香蕉公司极大地掌控了美洲香蕉生产国的政治。香蕉公司拥有自己的海关和警察，它们的大部分业务都不在国家管辖范围内。它们收买政治家，以保证实行"亲商"政策。香蕉公司支持对那些试图违背其利益（例如，将极低的税收提高到非常高的水平，让它们出售未使用的土地，提高工人的权利）的政府发动政变，有时还能得到美国雇佣军的支持，这些雇佣军被称为"掠夺者"（filibuster，源于荷兰语中的海盗）。在整个 20 世纪上半叶，美国海军陆战队经常入侵和占领其中一些国家，以保护美国公司（尤其是香蕉公司）的利益。[75]

　　美国香蕉公司因所谓的哥伦比亚香蕉大屠杀而臭名昭著。1928 年秋天，联合水果公司种植园的工人举行了罢工，他们要求的东西在今天看来大多不过是必需的，比如提供厕所和医疗设施；以现金支付工资，而不是下发购买联合水果公司商店中价格虚高的商品的优惠券；把工人当作雇员而不是分包商对待，这些分包商甚至不能得到本来就没什么效力的劳动法最低限度的保护。[76]① 美国政府威胁说如果不尽快复工复产，就要进行军事干预（考虑到美国在该地区的所作所为，这种威胁太有可能成真了）。在美国政府的压力下，哥伦比亚军方决定在 1928 年 12 月 6 日以强制手段结束罢工。在此过程中，军方在香蕉城西纳加枪杀了大量（这是有争议的）罢工工人（估计人数从 47 人到 2000 人不等）。[77]哥伦比亚小说家、诺贝尔文学奖获得者加布里埃尔·加西亚·马尔克斯在他的代表作《百年孤独》（我最喜欢的一本书）中，将香蕉大屠杀永久地刻在了我们的集体记忆中。在书中，加西亚·马尔克斯虚构了一个事件，3000 多名罢工工人被杀害，装上铁路车厢，从马孔多（小说中的虚构小镇）的香

---

① 所以临时工经济不是硅谷首创。

蕉种植园运走，以销毁大屠杀的证据。

19世纪末至20世纪中叶，美国香蕉公司在中美洲和南美洲北部的统治地位，使这些国家得到了"香蕉共和国"的称号。这个词最早出现在美国短篇小说家欧·亨利［本名威廉·悉尼·波特（William Sydney Porter）］1904年的短篇小说《海军上将》（"The Admiral"）中。这篇小说的故事发生在安丘里亚，一个虚构版本的洪都拉斯——作者曾在1897年流亡洪都拉斯。在这个故事中，欧·亨利将安丘里亚称为"香蕉共和国"，描述了一个在财政上和组织上都很卑微的政府。[78] 在大约半个世纪后的1950年，智利诗人、后来的诺贝尔文学奖获得者巴勃罗·聂鲁达（Pablo Neruda）写了一首名为《联合水果公司》的诗，其中使用了"香蕉共和国"一词。这首诗让这个词更广为人知。

如今，美国和其他富裕国家的许多人只知道"香蕉共和国"是一个服装品牌，但它最初描绘的是富国的大公司对贫穷的发展中国家近乎绝对的控制这一黑暗现实。"香蕉共和国"这个服装品牌往好了说是无知，往坏了说是冒犯。这就像把一家时髦的现磨咖啡店称为"撒旦磨坊"，或把一家豪华太阳镜店称为"黑暗大陆"。

"香蕉共和国"表明，在许多国家开展业务的富裕国家的强大公司——被称为跨国公司（MNCs）或跨国企业（TNCs）——如何对接受其投资的东道国经济产生负面影响。

然而，你也不要因此认为跨国公司的影响都是负面的。跨国公司的存在也可以为东道国的经济带来很多好处。

跨国公司可以使经济落后的经济体开启一个全新的产业，而这是经济落后的国家自己难以做到的。1998 年，英特尔在哥斯达黎加开设了一个微芯片组装厂，并在原本的"香蕉共和国"之一哥斯达黎加启动了半导体产业。[79] 当世界上第一批半导体公司，如仙童和摩托罗拉，20 世纪 60 年代中期在韩国（现在是半导体工业的超级大国之一，但当时是一个贫穷的国家）建立它们的组装业务时，韩国的晶体管收音机组装产业（主要使用进口零件）就算得上是最先进的工业了。[80]

对于东道国已经起步的行业，跨国公司也可以传授卓越的技术和新的管理技术。这可以是直接的：东道国的公民为跨国公司的子公司工作，担任经理、工程师和工人后跳槽到本土公司，甚至建立自己的企业，他们把新知识带到了本土公司和自己创立的企业。也可以是间接的：跨国公司从当地公司购买原材料，然后这些公司必须不断学习以达到更高的技术和质量标准，有时这些公司还能得到跨国公司的技术援助。

因此，让跨国公司在你的国家经营可能带来巨大的潜在利益。基于这一点，许多商业领袖和经济学家，以及国际组织如世界银行和世界贸易组织，都建议发展中国家张开双臂欢迎跨国公司，为它们提供低税甚至免税优惠，对它们放松监管，甚至免除一些地方法规的要求，尤其是在劳工和环境方面。爱尔兰和新加坡经常被视为典型，它们是积极接纳跨国公司投资［称为外国直接投资（FDI）］而实现繁荣的国家。

然而问题是，跨国公司带来的潜在利益仅仅是"潜在"利益，实现这些潜在的利益有赖于政府制定政策，约束跨国公司以正确的方式行事。

鉴于发展中国家的技术水平相对较低，跨国公司在招聘较高层次的管理和技术职位时，会从全世界招募，东道国的人员只能从事低层次的工作，几乎没有机会吸收更高水平的知识。在某些情况下，跨国公司甚至可能招募自己国家的人去东道国做低层次的工作，一些跨国建筑公司就是这样。由于东道国公司的生产能力相对较低，跨国公司更愿意从本国或已建立供应商网络的国家的固定供应商那里进口原材料，而不是尝试采用当地公司的质量未知的产品，因为这些公司很可能需要学习掌握新技术。

结果是，东道国最终出现了"飞地"，与东道国的其他部分隔绝。在东道国的跨国公司子公司所做的不过是"螺丝刀业务"，只是使用廉价的当地工人进行最后的组装，很少从当地公司购买零部件，大部分是进口。在这种情况下，东道国可能会得到一些有限的短期利益（如支付给工人的工资，从当地公司购买一些低技术材料），但跨国公司可能带来的大部分真正利益（如转让更好的技术、接触更好的管理实践、培训工人和工程师以获得更先进的技能和技术）并没有实现。

"飞地经济"的一个典型例子是菲律宾。根据世界银行的数据，菲律宾是全世界数一数二的高科技经济体，在其出口制造业中，高科技产品（主要是电子产品）的比例最高，达60%（远远高于美国的约 20%，也比韩国的 35% 更高）。[81] 尽管菲律宾如此"高科技"，菲律宾的人均收入却只有 3500 美元左右，而韩国的人均收入则超过 3 万美元，更不用说美国的人均收入为 6 万美元左右。这是因为菲律宾出口的电子产品都是由跨国公司的子公司在经济飞地经营的"螺丝刀业务"。菲律宾可能是一个非常极端的例子，但跨国公司在发展中国家的子公司往往最终会成为飞地的"螺丝刀"。

有鉴于此，许多政府严密监管跨国公司，以便从它们那里获得最大的利益，这样做毫不奇怪。政府限制跨国公司的所有权份额，这样跨国公司就必须与当地合作伙伴建立合资企业，当地企业也就有更多的机会学习优秀企业的做法。在关键领域，跨国公司的持股份额通常被限制在 50% 以下，这样当地企业就具备了谈判优势。各国政府都要求跨国公司向其子公司转让技术，或对其向子公司发放技术许可收取的使用费设置上限。它们有时还要求跨国公司雇用超过一定比例的当地劳动力，或培训它们雇用的工人。为了使跨国公司投资的间接利益最大化，它们要求跨国公司的子公司从当地供应商那里购买超过一定比例的原材料，这被称为"国产化要求"。这些政策在第二次世界大战结束后至 20 世纪 80 年代期间被日本、韩国、芬兰和中国台湾等国家和地区广泛使用，并取得了成功。[82]

韩国和中国台湾地区的情况特别有趣。它们最初都提供税收减免优惠政策以吸引跨国公司，甚至在不涉及高科技的行业（例如服装、填充玩具、培训师）部分地放宽约束力已经很弱的劳动方面相关规定。然而，与今天的普遍观点相反，它们实施了各种规定，引导跨国公司投资高科技产业，如电子和汽车，并尽可能多地从跨国公司获取技术和技能。由于这些政策，韩国和中国台湾地区如今已经拥有了一些自己的世界级跨国公司，如生产半导体的三星和台积电，生产显示器的 LG 和生产汽车的现代-起亚（见"**面条**"）。中国在过去几十年里一直在做类似的事情，其庞大的国内市场（大多数跨国公司都渴望进入这个市场）给了它讨价还价的筹码。

即使是爱尔兰和新加坡，大多数人都认为它们在经济上的成功是因为它们对跨国公司持开放的态度，但实际上是因为公共政策的干预（它们的战略位置，爱尔兰是欧盟成员国，新加坡地处国际贸易的关键节点，这些都很有帮助）。它们的政府不遗余力地为愿意投资高科技产业（如电子和制药）的跨国公司提供定制化支持，而不是简单地等待跨国公司到来，任它们为所欲为。[83] 就新加坡而言，政府也充分利用了其作为国家最大地主的地位（拥有近 90% 的土地），以合理的租金为跨国公司提供黄金地段，吸引它们进入高生产率的产业。

香蕉是世界上产量最高的水果，但是，这种生产力如果用错了地方，就会导致极其负面的结果。它最初被种植园主作为一种成本最低的食物用来养活美洲奴隶，后来，它成为加勒比海周围国家和许多经济体剥削劳动力的手段，也成了政治腐败和国际军事入侵的诱因。

跨国公司就是这样。它们像香蕉一样高产，然而，如果它们被错误使用，东道国即使不是成为"香蕉共和国"，也会沦为"经济飞地"。只有在公共政策能够确保技术、工人技能和管理方法实现最大价值的转让时，东道国经济才能真正因跨国公司而受益。

第10章

可口可乐

可口可乐

美国

不用描述你也知道可口可乐是什么

我不常喝可口可乐或其他可乐。

但是，在炎热的夏日午后，即使对我来说，也没有什么能够超过冰镇可口可乐了。不过我不会直接就着瓶子或罐子喝。这不是因为我对啜饮礼仪有特殊要求。只是我需要一个容器，哪怕用碗也可以。我喝可口可乐时会放很多冰块，即使它已经经过冷藏，因为这种饮料本身太甜，需要稀释。

但是地球上有数十亿人不同意我的观点，对我来说甜过头的可口可乐正是他们喜欢的。英国记者汤姆·斯丹迪奇（Tom Standage）在21世纪头几年写道："可口可乐公司在200个国家和地区经营，比联合国的成员国还多。"这种饮料如今是世界上最广为人知的产品，"可口可乐"据说是世界上仅次于"OK"的最广为人知的词语。[84]

可口可乐可以说是最具代表性的美国产品，象征着美国资本主义，以及它的好与坏。对一些人来说，可口可乐是自由的象征——个人、经济和政治的自由；[①] 对另一些人来说，比如 20 世纪 80 年代之前印度的左派，它影射的是美国资本主义的错误——消费主义，或者更糟糕的情形——对消费者口味的商业操纵。1977 年，印度政府取消了可口可乐公司在印度的经营许可，因为该公司拒绝与当地合作伙伴建立合资企业，这是一个极具象征意义的举动。同样具有象征意义的是，在 1991 年印度经济自由化后不久，可口可乐公司于 1993 年重返印度。在全球范围内，很少有食品像可口可乐一样充满了如此多的政治象征意义。

有一个人巧妙地跳过了可口可乐的象征性雷区，他就是格奥尔吉·朱可夫（Marshal Georgi Zhukov）元帅，第二次世界大战期间，他在列宁格勒和斯大林格勒的关键战役中指挥苏联对纳粹德国取得了胜利。据说在战争期间，美国将军德怀特·艾森豪威尔（Dwight Eisenhower，后来当选总统）给他推荐了可口可乐，他也因此喜爱上了这种饮料。当他在欧洲担任苏联占领军司令时（1945 年 5 月—1946 年 6 月），他特别要求可口可乐公司生产一种透明版本的可乐，这样他就不会因为喝这种饮料而被认为是在"吸收美国资本主义的

---

① 我不应该过分夸大可口可乐作为象征的重要性。它可以说是最重要的象征，但同样具有代表性的还有李维斯牛仔裤、万宝路香烟和摇滚乐队的黑胶唱片。

精华"。这种透明的可乐去除了可乐原本的焦糖色素，在布鲁塞尔生产，装在一个不显眼的瓶子里。[85]

可口可乐最早是由美国佐治亚州亚特兰大的约翰·彭伯顿（John Pemberton）发明的。[86] 1885 年，他推出了彭伯顿法国葡萄酒可口可乐，主要成分是古柯叶、可乐果和葡萄酒。当时还有其他混合了酒精和古柯叶的饮料，其中特别受欢迎的有马里亚尼酒（Vin Mariani，用酒将古柯叶浸泡 6 个月，维多利亚女王和托马斯·爱迪生都喜欢喝。[87] 彭伯顿的创新是加入可乐果。这种饮料被当作"神经补品"出售（不管这究竟是什么意思，但在 19 世纪的西方世界，人们似乎有很多神经问题）。

1886 年，彭伯顿的饮料的主要销售市场（佐治亚州的亚特兰大和周围的富尔顿县）都实行禁酒。彭伯顿将酒精从法国葡萄酒可口可乐中拿掉，并加入糖（以掩盖古柯叶和可乐果这两种主要成分的苦味，缺少了酒的味道，这种苦味就太突出了）和柑橘油。由此产生的不含酒精的饮料被称为可口可乐。

可口可乐最初在药店的苏打水机上销售，这可能是为了增加其药用价值，因为碳酸饮料在当时被认为对健康有益。1894 年可口可乐开始装瓶销售，这样它就能远距离运输，从而大大扩大了其潜在市场。到 20 世纪第二个十年中期，它已经广受欢迎，并出现了假冒产品，可口可乐公司试图通过"只要真正的可口可乐"的广告活动抵制假货。[88] 可口可乐公司在 20 世纪 20 年代开始出口这种饮料，到 20 世纪 30 年代，可口可乐成为美国这个国家的标志。1938 年，它被描述为"提纯的美国精华"。[89]

可口可乐的名字是由彭伯顿的商业伙伴弗兰克·罗宾逊（Frank Robinson）提出的，他以两种关键成分——古柯叶和可乐果命名了这种饮料。

可乐果起源于西非。它含有使人兴奋的成分，如咖啡因（比咖啡和大多数茶的含量高）和可可碱（巧克力中也含有这种物质，见"巧克力"）[90]，西非人通过咀嚼可乐果刺激自己，这样做也可以抑制食欲，从而让他们"在不感到疲劳或口渴的情况下长时间地运动"。[91]在西非文化中，他们在社区会议、成年仪式以及签订条约和合同的仪式上咀嚼可乐果。[92]据说，可乐果还能使长途船只上的臭水更可口，因此从非洲出发的奴隶船也使用了可乐果。[93]

2016 年，可口可乐中的可乐果被一种合成化学品取代。[94]这使得这种饮料就像成团多年的摇滚乐队，多年来由于艺术上的分歧和自我的冲突而多次更换阵容后，已经没有原成员了。可口可乐的另一种原始成分古柯叶，曾因提供了可卡因（加入咖啡因和来自可乐果的可可碱），在 100 多年前的 20 世纪初就"退出了乐队"，可口可乐公司决定将其从配方中剔除，因为可卡因具有很明显的成瘾性。①

可卡因来自原产于南美洲西部的古柯植物。特别是在其原来生长的安第斯山脉的高海拔地区，原住民将古柯叶作为茶叶咀嚼或冲

---

①　更准确地说，古柯叶仍在"乐队"中，但只是作为一个幽灵。从饮料配方中剔除可卡因以后，可口可乐公司一直在使用"废"古柯叶，只作为一种调味品，其中的可卡因已被完全剔除。

泡，以缓解在氧气不足的环境中工作时的疼痛，并帮助他们在没有食物的情况下继续工作，因为古柯叶会降低食欲（与可乐果的作用相同）。[95]这些形式的古柯植物消费不会上瘾，也不会对健康有害，更重要的是，就像咀嚼可乐果一样，它们在安第斯和拉丁美洲其他土著社区发挥着重要的文化和宗教作用。[96]那里的许多人种植古柯植物。

埃沃·莫拉莱斯（Evo Morales）是玻利维亚前总统（2006—2019年任职），也是有史以来拉丁美洲国家的第二位原住民总统［第一位是墨西哥总统贝尼托·华雷斯（Benito Juárez，1858—1872年在任）之后］，他本人就是一位古柯种植者。他通过反对强行铲除古柯种植的运动而在政治上崭露头角。

在美国政府的大力支持下，玻利维亚政府在20世纪90年代末和21世纪初作为美国"毒品战争"的一部分一直推行铲除古柯种植的做法。

2005年，莫拉莱斯在抗议所谓的"华盛顿共识"政策（即财政紧缩、贸易自由化、放松管制和私有化）的浪潮中成为总统，这些政策在之前的20年里对他的国家不利。"华盛顿共识"这个名字源于它们是由总部设在华盛顿特区的三个最具国际影响力的经济组织——美国财政部、国际货币基金组织（IMF）和世界银行——倡导的。

成为总统后，莫拉莱斯将玻利维亚的主要出口产业——天然气产业国有化。然后，他继续（至少是部分地）将"公用事业"（电

力、水和铁路）国有化，提高（主要是外国）采矿公司向政府（作
为国家矿产财富的监护人）支付的特许权使用费，并增加社会福利
开支。许多经济学家预测，他的改革将导致一场可怕的经济灾难。
按照"华盛顿共识"，国有化产业、对外国投资者的敌对政策和"向
下"的收入再分配是政府对经济所能做的"最糟糕的事情"。

但玻利维亚的表现让怀疑论者大跌眼镜。基于莫拉莱斯的政策，
在他的任期内，玻利维亚的收入不平等现象大幅改善。[①] 该国的经济
增长也明显加快，人均收入增长率从"华盛顿共识"时期（1982—
2005 年）的每年 0.5% 上升到莫拉莱斯时期的每年 3%。

玻利维亚不是拉丁美洲唯一违背"华盛顿共识"并改善其经济
表现的国家。20 世纪 90 年代末至 21 世纪头十年中期，左翼政党在
阿根廷、巴西、厄瓜多尔、乌拉圭和委内瑞拉几个拉丁美洲国家上
台执政，被称为"粉红潮"。

这些国家都没有像玻利维亚走得那么远，但"粉红潮"政府修
订了"华盛顿共识"的许多"新古典自由主义"[②] 政策。他们增加了

---

① 根据世界银行与联合国拉丁美洲和加勒比经济委员会（ECLAC）的数据，
玻利维亚的基尼系数（衡量一个国家收入不平等的常用指标，数字越大表示不
平等越严重）在这两个时期从 0.57 下降到 0.48。在此感谢马特乌斯·拉布鲁尼
（Mateus Labrunie）对数据的收集和处理。

② 新古典自由主义是 19 世纪古典自由主义在 20 世纪 80 年代以后的新版本，
而古典自由主义在第一次世界大战和 20 世纪 70 年代之间有所衰落。古典和新古
典两种自由主义都主张对私有财产进行强有力的保护，对市场进行最低限度的监
管，提倡自由贸易和资本的自由流动。然而，新古典自由主义不像古典自由主义
那样公开反对民主（后者认为民主将允许无产阶级破坏私有财产，从而破坏资本
主义），同时新古典主义也反对在货币（主张建立强大的中央银行垄断货币发行）
和思想（主张大力保护知识产权，见**胡萝卜**）等方面推行自由市场。

对穷人的福利支出，其中一些政府提高了最低工资并加强了工会，从而增加了工人在国民收入中占有的份额。其中一些国家还部分扭转了贸易自由化，增加了对特定行业的补贴，并加强了对外国投资者的监管（见"**香蕉**"）。

他们的政策打破了新古典自由主义正统观念的预测，带来了更大的平等和更快的增长。唯一的例外是委内瑞拉，尼古拉斯·马杜罗（Nicolás Maduro）的总统任期是一场灾难，该国经济经历了崩溃。但在其前任乌戈·查韦斯任总统期间，委内瑞拉的经济表现虽然不像其他"粉红潮"国家那样令人印象深刻，但与前一个时代的新古典自由主义政策相比，仍是一种进步。

这不是说"粉红潮"国家一切都很顺利。虽然大多数国家的不平等现象有所改善，但按照国际标准，问题仍然非常严重。更重要的是，"粉红潮"国家的政府没有做出足够的努力发展高生产率的产业，从而为持续的经济增长打下坚实的基础。这些产业可以取代其传统的以自然资源为基础的产业，如采矿业和农业，这些传统产业的长期增长潜力是有限的（见"**凤尾鱼**"）。这方面的一个失败案例是巴西。巴西的"粉红潮"政府基本上延续了新古典自由主义时期的自由贸易和工业政策，致使巴西曾经强大的制造业衰落到无法挽回的地步。在"粉红潮"时期结束时，巴西比新古典自由主义高峰时期更加依赖自然资源（如铁矿石、大豆、牛肉）的出口。

由于未能减少对初级商品的依赖，当21世纪头十年由中国的超级增长推动的全球商品价格繁荣在2012—2013年结束时，"粉红潮"

国家受到了严重打击。因此，除了委内瑞拉政府，绝大部分"粉红潮"国家的政府都在 21 世纪第二个十年的后半期的选举中失利，玻利维亚甚至发生了政变。

然而，政府的变动并没有使新古典自由主义的旧制度复辟。在阿根廷和玻利维亚，"粉红潮"政党在短暂的失利后重新获得了政权。[1] 当我在 2021 年冬天写作本书时，"粉红潮"政府可能在 2022 年巴西的总统选举中再次获胜[2]。

此外，在 2020 年前后，一些没有加入"粉红潮"的拉美国家开始向左转型。在墨西哥和秘鲁，左翼的安德烈斯·曼努埃尔·洛佩斯·奥夫拉多尔（Andrés Manuel López Obrador）和佩德罗·卡斯蒂略（Pedro Castillo）分别于 2018 年和 2021 年夺得总统之位。

在第三世界的其他地区，如亚洲和非洲，对新古典自由主义的"华盛顿共识"政策的拒绝就不那么明显了。

在亚洲，这主要是因为该地区的国家当初没有像拉美国家那样严格遵循"华盛顿共识"。它们普遍良好的经济表现意味着很少有亚洲国家向华盛顿那几家机构大量借款，因此亚洲国家不太需要采取新古典自由主义政策。此外，许多亚洲国家对经济政策的意识形态

---

[1]　阿根廷的阿尔贝托·费尔南德斯（Alberto Fernández）在一届任期之后于 2019 年夺回总统之位，而玻利维亚的路易斯·阿尔塞（Luis Arce）在政变后，先由珍妮娜·阿涅斯（Jeanine Añez）担任一年的临时总统，然后在 2020 年赢得总统选举。
[2]　卢拉·达席尔瓦在 2022 年的选举中胜出，再次当选总统。——编者注

化程度较低，即使采取了新古典自由主义政策，这些政策通常也不会像在拉丁美洲那样以极端的形式实施。

非洲国家比拉美国家更容易受到"华盛顿共识"政策的影响①，因为它们更依赖华盛顿那几家机构的资助，因此更难公开拒绝这些政策。即便如此，在过去十年左右，整个非洲大陆越来越认识到，国家需要发挥比"华盛顿共识"所建议的更积极的作用。[97]

新古典自由主义政策即使在富裕国家也没有很好地发挥作用。经历了始于 20 世纪 80 年代的新古典自由主义时期，这些国家的增长速度更慢、不平等程度更高，金融危机也比之前几十年的混合经济时期更加频繁。在此前的混合经济时期，政府在约束和调节市场力量方面发挥了更积极的作用，也就是说，从新古典自由主义的角度看，更具有侵入性。②

然而，新古典自由主义政策对发展中国家来说是灾难性的，因为这种政策尤其不适合它们的需要。最重要的是，新古典自由主义的正统观念否认了这样一个事实，即发展中国家只有通过贸易保护、补贴、对外国投资者的监管和其他支持性的政府措施，才能为其生产者创造成长的空间，并获得从事高生产率产业的能力，从而发展其经济（见"**大虾或小虾米**"和"**香蕉**"）。更糟糕的是，特别是在

---

① 撒哈拉以南非洲国家的人均收入在 20 世纪六七十年代每年增长 1.6%，但在 1980—2018 年期间其增长仅为 0.3%。在拉丁美洲，这一增长率分别为 3.1% 和 0.8%。

② 可以参见我以前的书，《资本主义的真相》（*23 Things They Don't Tell You About Capitalism*）。

20 世纪八九十年代，华盛顿那几家机构的政策建议可以说是一种"饼干模型"，即向所有国家推荐同一套政策，而不考虑其经济条件和社会政治环境的差异。

可口可乐的持续成功表明，一个成功的产品需要快乐的顾客，即使有少数顾客对它不完全满意（如我）。由于无法让顾客满意，曾经在发展中国家占主导地位的"华盛顿共识"看来将消失在历史的黄昏中。

一起生活

第11章

黑 麦

20世纪80年代中期，当我决定在英国攻读研究生时，大多数韩国人，包括我的父母，都感到困惑，可以说是不解。当时（现在也是如此，尽管有所减少），韩国人出国留学意味着去美国学习。你不会去别的国家，特别是英国，它被认为是一个正在衰落的国家，甚至与韩国没有任何历史联系（因为韩国被认为不值得获得大英帝国著名的"掠夺性关注"）。

我想去英国学习，因为我对韩国本科课程中教授的相当狭隘的技术性新古典主义经济学感到幻灭。当时（可惜现在已经很少了），英国的经济学系比美国的经济学系提供了更多元化的经济学方法——凯恩斯主义、马克思主义和其他经济学流派的教育，在我看来，英国是一个以更广泛的方式研究经济学的好地方。

当我把这个理由告诉一些经济学者（有老师也有朋友）时，他们中的大多数人告诉我，这是职业自杀，当时我甚至还没有去英国。向非经济学者解释起来太复杂了，所以如果他们问起原因，我想出了一个简单的答案——我是推理小说的超级粉丝，而英国是优秀推理小说的发源地。这似乎阻止了大多数人的进一步提问，即使我可以看出他们认为我很奇怪。

我在年幼时通过阿瑟·柯南·道尔的夏洛克·福尔摩斯的故事开始接触侦探小说。他的许多短篇小说，如《红发会》，情节独特曲折让我震动，而《四签名》和《巴斯克维尔的猎犬》等小说中的恐怖场景则让我难以忘怀。中学时，我读了100多部经典推理小说，有莫里斯·勒布朗（Maurice Leblanc，他笔下的亚森·罗宾的故事被网飞拍成了系列电视剧，并因此引发了精彩和奇妙的热潮）、埃勒里·奎因（Ellery Queen）、乔治·西默农（Georges Simenon）、雷蒙德·钱德勒（Raymond Chandler）、G. K. 切斯特顿（G. K. Chesterton）和其他作家。

然而，对我来说，侦探小说无可争议的王者是阿加莎·克里斯蒂（Agatha Christie），并且许多人都是这样认为的，她的20亿册的作品销量就是证明。多年来，比起经典的侦探小说，我开始喜欢范围更广的犯罪和间谍小说，如饥似渴地读完了约翰·勒卡雷（John le Carré）、乔·内斯博（Jo Nesbø）、安德烈亚·卡米莱里（Andrea

Camilleri）和弗雷德·瓦格斯（Fred Vargas）等作家的作品。但经过近半个世纪的反复阅读，我仍然会被克里斯蒂经典作品中颠覆范式的情节设置和叙述方式所震撼，比如《ABC 谋杀案》《东方快车谋杀案》《命案目睹记》《无人生还》《五只小猪》①。

　　我最喜欢的阿加莎·克里斯蒂故事之一是《黑麦奇案》，主角是马普尔小姐。这个看起来人畜无害的单身女士，其精明的观察力、机敏的头脑和对人类心理的深刻理解使她成为最可怕的侦探（尽管赫克尔里·波洛这个有着引人注目的小胡子，傲慢、超理性但富有同情心的比利时侦探仍然是我的最爱）。故事本身很巧妙，但我也被这个标题所吸引。书名来自童谣《六便士之歌》（就像克里斯蒂的其他一些书名一样），不用介意这首童谣的荒谬本质，但我想知道黑麦是什么，是韩语中的"호밀"（homil）吗？

　　호밀在韩语中的意思是"北方游牧民族的小麦"，"밀"（mil）的意思是小麦，"호"（ho）是我们韩国人放在任何我们认为（有时是错误的）来自中亚和北亚游牧民族的东西上的前缀。它说的是欧亚大陆的一大片地区。所以我知道黑麦是类似于小麦的东西，但我不知道它到底是什么，从来没有吃过这种谷物做的食物。

　　来到英国之后，我必须吃黑麦，我不能让自己对这种谷物一无所知，它是我最喜欢的侦探小说中的一个关键情节设置。英国的黑麦脆皮面包（ryvita）是我首先要尝试的东西。我非常喜欢黑麦的坚

①　这不是她最知名的作品之一，但却是我最喜欢的作品之一。我认为它被不公正地低估了。

果味和微酸味，我读研究生时熬夜学习，经常把它当作深夜零食。然后是各种黑麦面包。深色的黑麦面包，如德国的粗面包，以我的口味来说有点太硬实了。我喜欢浅色的黑麦面包，特别是那些带葛缕子的面包。后来，在我访问芬兰期间，我逐渐喜欢上了芬兰的黑麦面包，特别是混合了松皮粉的面包（松皮粉曾经是一种抵御饥荒的食品，芬兰实际上是最后一个经历过饥荒的欧洲国家，在1866—1868年），它的口感让你感觉自己站在一个略带寒意的北方森林中。

黑麦原产于阿富汗、伊朗、土耳其一带，但它却成为北欧食物体系的象征。它是一种坚韧的谷物，可以在北方严酷的气候条件下生长，而它更娇嫩的表亲小麦却不能。俄罗斯称自己是黑麦的最大消费者，但实际上波兰的人均消费量最高，也是这种谷物最大的出口国。但生产黑麦的世界冠军是德国，它生产的黑麦数量最多，比第二大生产国波兰多33%。[98] 黑麦对德国非常重要，甚至在其历史中也占有突出地位。

"铁与黑麦的联姻"是统一后的德国第一任首相奥托·冯·俾斯麦促成的政治联盟的昵称，该联盟由容克贵族（主要是普鲁士的土地贵族）和集中在西部莱茵地区的新兴"重工业"资本家组成。

1879年，俾斯麦抛弃了他自1871年德国统一以来的长期联盟伙伴——国民自由党，该党支持自由贸易等政策。他建立了一个新的保护主义权力集团，让政治上强大的黑麦生产者容克地主接受对莱茵重工业（如钢铁）的关税保护，努力与优越的英国钢铁生产商竞争。为了做到这一点，他向容克贵族提供了关税保护，以抵御开始涌入欧洲市场的廉价美国谷物。美国谷物之所以价格低廉，是因为北美大草原定居人数的增加［20 世纪 70 年代的美国电视剧《草原上的小木屋》（*Little House on the Prairie*）反映了这一历史（也可见"**秋葵**"）］，以及可以将谷物从大草原带到东海岸主要海港的铁路建设。

在"铁血宰相"的斡旋下，黑麦生产者和钢铁生产者之间的这种联盟，将德国经济推向了新的高度。它使新的重工业——铁、钢、机械、化学制品——在防护墙后成长，并最终赶上了英国的主要生产商，尽管这意味着粮食价格要高于农业自由贸易下的水平（但由于德国成功的工业化，大多数人的收入提高了，所以更高的食品价格影响不大）。

俾斯麦的政治遗产并没有随着德国重工业的发展而结束。他的另一项遗产的影响甚至更大，而且远远超出了德国的范围，那就是福利国家的建立。

许多人认为福利国家是"进步"政治力量的产物，如美国的新政民主党、英国工党或斯堪的纳维亚的社会民主党，但它实际上是俾斯麦这位顽固的保守主义者首先创造出来的。

在统一德国后不久的 1871 年（在此之前，德国一直被分成几十个政治实体，如果你进一步追溯到 18 世纪，这个数量大约有 300 个），俾斯麦推出了一项保护工人免受工业事故影响的保险计划。虽然它只覆盖了有限的工人，并没有被普遍采用，但它是世界上第一个为劳动人民提供的公共保险。

1879 年，俾斯麦通过"铁与黑麦的联姻"巩固了权力，加快了他对福利措施的推动，并在 1883 年引入了公共医疗保险，在 1889 年引入了公共养老金，这在全世界都是前所未有的。1884 年，他将早期的工业事故保险覆盖到所有工人。当然，德国并没有成功实行历史上第一个失业保险（这一荣誉属于法国），这是现代福利国家的另一块基石，但可以说俾斯麦建立了历史上第一个福利国家。①

俾斯麦建设福利国家不是因为他是一个"社会主义者"——现在支持福利国家的人很容易被称为社会主义者②。俾斯麦是一位著名的反社会主义者，他保留了所谓的反社会主义法律，这些法律严格限制社会民主党的活动，尽管没有完全禁止。但他敏锐地意识到，工人需要得到保护，免受生活中的重大冲击（工业事故、疾病、年老、失业等），否则他们就会被社会主义吸引。换句话说，俾斯麦发起了如今被许多人认为是"社会主义"的福利计划，是为了阻止社会主义的出现。

正是由于这个原因，许多社会主义者，特别是在德国，一开始就反对"福利国家"政策。他们认为这是一种"收买"工人的方式，以此阻止他们通过革命推翻资本主义并建立社会主义。然而，随着

① 德国在 1927 年实施失业保险，当时有几个国家已经实施了失业保险，其中最早的是法国（1905 年）。
② 此处的"社会主义"，指诞生于 16 世纪的社会学思想，与科学社会主义不同。——编者注

时间的推移，左翼运动中的改革主义倾向击败了革命倾向，左翼政党开始接受并积极推动福利国家的扩张，特别是在大萧条之后。第二次世界大战后，甚至欧洲国家的许多中右翼政党也开始接受"福利国家"政策，因为它们意识到，给予普通公民安全感对实现政治稳定至关重要，尤其是在面对来自社会主义阵营的系统性竞争时。

"福利国家"政策被误解的不只是其起源。它的本质也受到误解。

对"福利国家"政策最常见的误解是认为它主要向穷人提供"免费"的东西——收入支持、养老金、住房补贴、医疗保健、失业福利等。很多人认为，这些"免费"的东西都来自富人缴纳的税收。福利被看作穷人免费搭富人便车的工具。正如"福利乞丐"这一在英国越来越常见的说法，它被用来谴责福利领取者。

然而，福利津贴不是免费的。每个人都要为它付出代价。人们享受的许多福利来自大多数纳税人缴纳的"社会保险"，也就是由特定的公共保险计划支付，如养老金和失业金。此外，大多数人都要缴纳所得税，尽管较穷的人缴纳的所得税比例低于较富的人（除非他们生活在一个实行"统一税"的国家）。此外，即使是那些免交所得税或社会保险的最贫穷的人，在买东西时也要支付"间接税"——增值税、一般销售税、进口关税等。[99] 事实上，这些税收对穷人的负担按比例来说要重得多。例如，截至 2018 年，英国最贫穷的 20% 的家庭支付的间接税占收入的 27%，而最富有的 20% 家庭支付的间接税只占收入的约 14%。[100]

这样理解的话，没有人能通过"福利国家"政策得到"免费"的东西。[①]如果有什么东西看起来是"免费"的，那只是因为它"在获取时免费"。例如，得益于英国国家医疗服务体系（NHS）下的社会化医疗供给，去医院时你不必每次都付钱，不过，你已经通过缴纳赋税和社会保险为你去医院就诊支付了费用（并将在未来继续支付）。

"福利国家"政策最好被看作一揽子社会保险，涵盖可能发生在任何人身上的各种不测，由所有公民集体购买。它可能有（但也可能没有，取决于税收制度和福利计划的设计方式）向下重新分配收入的因素，但这不是它的主要作用。

"福利国家"政策的意义在于，作为公民（和长期居民），我们都能以较低的价格批量购买相同的保险套餐。我们可以将美国的医疗费用（美国是唯一没有全民公共医疗保险的富裕国家）与其他富裕国家的医疗费用进行比较，来说明这一点。

作为国内生产总值的一部分，美国在医疗保健方面的支出（占国内生产总值的 17%，而爱尔兰为 6.8%，瑞士为 12%）比其他类似的富裕国家至少多出 40%，甚至高达 2.5 倍。[101]尽管如此，美国是发达国家中健康记录最差的国家，这意味着美国的"健康"远比其

---

① 除非公司向工人支付的工资过低使他们无法生活，这些工人不得不依靠"福利国家"政策来生存，然而与此同时这些公司却将收入转移到避税天堂，这样它们就不用支付本应缴纳的税款了。

他富裕国家昂贵。对此有多种解释①，但一个重要的原因是，美国的医疗系统是分散的，因此不能像其他拥有更统一的医疗系统的国家那样从集体购买中获益。例如，每家医院（或医院集团）都必须购买自己的药品和设备，而不是通过享受"批量购买"折扣的国家系统购买。每家医疗保险公司（收取更高的保费，是一个追求利润的实体）都有自己的管理制度，而不是拥有一个受惠于"规模经济"的统一制度。你们有些人可能不相信这种"集体成本节约"的说法，但如果你参加过团购，你就已经相信了"福利国家"背后的理念。

"福利国家"政策已经成为处理资本主义在追求经济活力的过程中不可避免的不安全感的最有效方式。此外，如果设计得当，"福利国家"政策可以使资本主义经济更有活力，因为它减少了人们对新技术和新工作方式的抵制，北欧国家是这方面的最佳案例（见"**草莓**"）。[102]"福利国家"理念一直在传播和发展，尽管自 20 世纪 80 年代以来，新古典自由主义意识形态不断对其进行攻击。②

今天富裕国家的人将他们的安全和繁荣归功于一种不起眼的、

---

① 例如，美国，收入的较大不平等致使更多的人承受压力和不良饮食。根据理查德·威尔金森（Richard Wilkinson）和凯特·皮克特（Kate Pickett）合著的《公平之怒》（*The Spirit Level*）一书，较高的不平等也造成了更强的"地位焦虑"，这也会对健康产生负面影响。加工食品行业在美国有很大的权力，使美国人摄入更多不健康的食物。美国城市的建设方式导致了更多的"食物沙漠"，美国人很难找到能够负担得起的健康食品。

② 1930 年，福利支出（或更严格地说，社会支出，包括对穷人的收入支持、失业救济金、养老金、健康和住房补贴）通常占当今富裕国家 GDP 的 1%～2%，其中德国支出最多，占 GDP 的 4.8%。1980 年，这些国家的社会支出平均占 GDP 的 15.4%；前些年（2010—2016），相应的数字是 20.8%。

坚韧的谷物，这种谷物通常被认为不如它更知名的表亲小麦。因为如果不保护普鲁士地主生产的黑麦，俾斯麦就不可能结成政治联盟，他也就不可能建立世界上第一个福利国家。

第 12 章

鸡 肉

时蔬烤哈里萨辣酱鸡肉

我的私房菜谱

用哈里萨辣酱、橄榄油和盐腌制鸡肉，佐以茄子、西葫芦和洋葱块烤制

可怜的鸡。它从没有被人认真对待过。有些人回避某些肉类，不是出于宗教或文化禁忌，而是出于厌恶——许多韩国人根本不吃羊肉，尽管对它没有食物禁忌。但任何愿意吃肉的韩国人似乎都愿意吃鸡肉。

鸡肉被普遍接受可能部分是由于这种生物本身相对较矮小的形象，它是一种小的、相对温顺的家禽，而不是一种庞大的动物（如牛、马或猪）或一种坚韧的、固执的生物（如绵羊或山羊）。但鸡肉被普遍接受主要与它是一种多样化的蛋白质来源有关，也与它没什么特殊的味道和相对容易烹饪有关。鸡肉的烹饪方式多种多样，可以油炸（美国南方的炸鸡、日本的炸鸡肉串、韩国的韩式炸鸡），可

以嫩煎（中国、泰国和许多其他国家的菜肴是这样烹饪的，不胜枚举），可以炖煮（法国的红酒焖鸡或北非的塔吉锅鸡），可以电烤（各种欧洲版本的烤鸡或南亚烤鸡），可以火烤（马来西亚或泰国的沙爹鸡或非洲、葡萄牙的霹雳烤鸡），可以烟烤（牙买加烟熏烤鸡），也可以煮（参鸡汤，用糯米和人参根煮鸡，或犹太人的鸡汤），还有更多烹饪方式。我甚至在日本的一家餐厅吃过鸡肉刺身，这家店的每一道菜都是用鸡肉做的。

鉴于鸡肉作为通用肉类的地位，它成为航空公司的选择也就不足为怪了，因为航空公司必须在有限的空间内满足不同的食物偏好和禁忌。苏联时期的俄罗斯航空公司（Aeroflot）似乎将这一政策发挥到了极致。

20世纪80年代末我在剑桥读研究生时，我的一个印度朋友经常乘坐俄罗斯航空公司的飞机回家，途经莫斯科。这家航空公司在所有可以想象的方面都很糟糕（舒适度、准时性、乘务员的态度等），但许多印度人都委曲求全地忍受着，因为这家公司的机票最便宜。据我的这位朋友说，苍白、疙疙瘩瘩、无味的鸡肉是唯一可选的飞机餐。他有一次在俄航航班上无意中听到一位印度乘客问空姐，是否可以吃鸡肉以外的东西，因为他是素食主义者。空姐回答说："不能。在俄罗斯航空公司，每个人都是平等的。这是一家社会主义的航空公司，不提供任何特殊待遇。"

空姐的回答当然是"苏联原则"的一个极端版本，即每个人都应该被平等对待，因为每个人都是具有同等价值的人。因此，无论是政府部长、医生、煤矿工人还是清洁工，每个人都将通过集体供给获得相同的面包、糖、香肠、每年一双的鞋子和其他一切配给。没有特殊待遇。①

这种对待平等和公平的方式有一个严重的问题。

诚然，作为人类，我们都有同样的"基本需求"：干净的水、安全的住所、有营养的食物。在这个意义上，社会主义是对封建社会和资本主义社会做法的重要控诉，在封建社会和资本主义社会中，一些人被饿死，而另一些人却安享奢华。然而，一旦偏离了基本，我们的需求很快就会开始分化，以同样的方式对待每个人就会产生问题。

以面包为例，它是许多社会中的主食。在食物严重短缺的时候（如苏联在 1928—1935 年农业集体化后的短缺，或英国在 1946—1948 年第二次世界大战后的短缺），给每个人每天提供相同数量的面包可能听起来很公平。然而，如果面包是发酵的小麦面包，这就不公平了——有些人根本不能吃，也许是因为他们有肠胃病，也许是因为他们是处于特殊节日的宗教信徒。再比如，在公共建筑中提供同样大小的男女厕所，听起来似乎很公平，因为大约一半的人口是男性，另一半是女性，但这是一件非常不公平的事情，因为女性

---

① 这只是理论，实际情况并不全然如此。不同人之间仍然存在巨大的薪酬差异（尽管比资本主义国家的差异小得多），而且精英群体确实得到了特殊待遇——更好的住房、购买更好商品（通常是进口）的特殊商店以及到资本主义国家旅行的机会（在那里他们可以购买普通人在苏联买不到的奢侈品）。

需要更多的时间和空间上厕所，电影院、音乐厅和其他场所的女厕所外常常排起长队。

简而言之，以同样的方式对待有不同需求的人——给素食主义者吃鸡肉，给肠胃病患者吃发酵的小麦面包，给女性和男性提供同样大的厕所空间——从根本上来说是不公平的。与这位俄罗斯航空公司空姐的想法恰恰相反，以不同方式对待有不同需求的人并不是给他们特殊待遇，而是公平性的最重要条件之一。在飞机餐中提供素食选择，提供无麸质面包或把女厕所建得更宽敞，并不是要对素食主义者、肠胃病患者或女性表示偏爱，我们只是把他们放在与其他人平等的位置上，满足他们的基本需求。

有趣的是，那些在政治光谱另一端的自由市场经济学家，对平等和公平的看法同样盲目，尽管方式完全不同。

自由市场经济学家认为社会主义制度没有发挥作用，因为它向每个人支付相同的报酬（除了在红色高棉统治下的柬埔寨等极端情况下，报酬从来都不是"相同"的）只不过是确保了低层次的不平等，然而不同的人对经济做出的贡献有巨大的不同。自由市场主义者指出，发明家、投资银行家、脑外科医生和艺术家对经济做出了巨大贡献。至于其他的工作，大多数人都能胜任，而有些人则只适合做最基本的工作。他们认为，在这种情况下，试图通过向人们支付差距很小的工资来实现低水平的不平等会带来灾难。这不仅对那些更有能力的人不公平，因为他们得到的奖励比他们的贡献要少（有时是少得多），而且也不利于社会的效率，因为它使那些更有能力的人没有动力去努力工作、投资和创新。自由市场经济学家认为，这只能带来平等的贫困。

因此，这些经济学家断言，我们应该让个人尽其所能地竞争，并接受竞争的结果，即使它产生的收入分配根据某些观点可能显得过分不平等。他们说，这是最有效率和最公平的制度：最有效率是因为个人有最大的动力使产出最大化，最公平是因为他们将根据他们对经济的贡献得到奖励。

根据贡献支付报酬的原则能够有效，有一个重要的前提条件，那就是每个人都有机会尝试最好的工作，也就是说，应该有平等的机会。这不是一个微不足道的条件。在过去，许多社会由于种姓、性别、种族和宗教的原因，对人们选择教育和职业施加了严格的限制（见"橡果"）。牛津大学和剑桥大学直到 1871 年才接受非圣公会教徒（如天主教徒、犹太教徒、贵格派教徒），分别于 1920 年和 1948 年才向女性颁发学位。[①] 在南非的种族隔离制度下，黑人和"有色人种"（种族隔离制度下对具有混合种族背景的人的称呼）被迫在资金严重不足和拥挤的非白人大学学习，也因此几乎不可能获得体面的工作。

今天，这些正式的歧视大多已被废除，但没有一个国家实现了真正的机会平等。工作场所的女性没有获得与男性相同的机会，这

---

① 牛津大学、剑桥大学和达勒姆大学在 1871 年之后才允许非圣公会教徒进入。从 19 世纪末开始，女性被允许在牛津和剑桥学习，但直到 1920 年和 1948 年牛津和剑桥才授予她们学位。

是基于性别歧视的观点，即女性不太可能将事业置于家庭之上。这种观点是错误的，也是彻头彻尾的冒犯——认为女性天生就比男性差。在多种族社会中，教育、就业市场和工作场所的种族歧视仍然很普遍，在这些社会中，主体族群中能力较差的人拥有比少数族群中能力较强的人更多的机会。

这些歧视有些甚至是自我施加的。在许多社会中，一些学科被普遍认为是"男性化"的，比如科学、工程学、经济学，许多聪明的年轻女性"自愿"选择不学习这些学科，即使她们可以完全胜任。[①] 20世纪80年代初，我在韩国学习经济学本科课程时，360名左右的学生中只有6名女生，而在工程学院1200多名学生中，只有11名女生。[②] 尽管没有正式的规定说女生不能学习工程学或经济学，许多聪明的女生还是选择学习"女性化"专业，如英国文学或心理学，因为社会使她们认为这些专业更适合她们。[③]

换句话说，如果一些人由于与从事这些工作的能力无关的特征

---

① 当然，各国之间存在着相当大的差异。工程学是男性占主导地位的学科之一，但在塞浦路斯，50% 的工程学毕业生是女性，在丹麦和俄罗斯，这一数字是36% 和38%，而在韩国和日本，这一比例仅为 5%～10%。这些数据来自联合国教科文组织。

② 我很高兴地报告，近年来在我母校，经济学专业的女生比例超过了30%，接近40%，而即使是工程学院，女生的比例也上升到了15% 左右。虽然这仍然不够好，但比 40 年前好多了。

③ 强调自我审查并不是说这些选择完全是，或者主要是由于个别女生"内化"了性别歧视的社会规范。一些选择不学习"男性化"专业的人可能是被父母否决了，而其他人可能是害怕亲戚和朋友的反对。感谢佩德罗·门德斯·洛雷罗（Pedro Mendes Loureiro）向我提出这个观点。

（如性别、宗教和种族）而受到正式或非正式的阻挠，甚至无法参与竞争以便进入最佳教育场所和工作中去，那么竞争的结果就不能被视为最有效率或最公平的结果。机会的平等是至关重要的。

现在，让我们假设，在未来的某个社会（希望不会太远），我们以某种方式实现了真正的机会平等，让每个人都能参与竞争。此外，我们也假设每个人都按照相同的规则参与游戏（在实践中，规则往往是被操纵的，想一想美国大学的传承录取，他们在录取中获得的优势来源于他们的父母或祖父母曾在这些大学上过学）。那么我们是否可以说，如果每个人都有同样的机会按照同样的规则在同一个游戏中竞争，我们就应该接受这样一个社会中存在的任何不平等吗？

不幸的是，即使如此，我们也不能接受。

因为每个人都有平等的机会在相同的规则下竞争，并不意味着竞争是真正公平的。如果有些选手只有一条腿或一只眼睛，我们就不会认为每个人都从同一起跑线上开始的比赛是公平的。[①]同样，在现实生活中，如果一些竞争者缺乏最起码的必要能力，那么理论上讲，每个人都有同样的机会去尝试他们喜欢的任何工作也不意味着竞争是公平的；有些人可能因为童年营养不良而导致大脑发育不良，

---

① 事实上，就现实生活中的体育运动而言，我们极其重视潜在参赛者的能力差异，并采取各种措施来创造真正公平的竞赛。我们不仅有残奥会，还有性别、年龄和重量级别之分。特别是在有重量级别的运动中，如拳击、摔跤、跆拳道和举重，对什么是公平比赛的看法可能非常严格。例如，在较轻量级的拳击中，重量差距一般为 3～4 磅，或 1.5～2 千克，这意味着我们认为重量差距在几千克以上，较重的人殴打较轻的人就是非常不公平的，我们甚至不允许他们在同一个擂台上比赛。

还有些人可能因为在教育资金低于平均水平的贫困地区长大而接受了低于标准的教育。换句话说，除非每个社会成员都拥有利用机会的最低必要能力，否则机会平等是没有意义的。

因此，如果要使生命的竞赛真正公平，我们需要确保所有儿童在加入竞赛之前都能具备最起码的能力。这就要求所有的孩子都能得到足够的营养、保健、教育和游戏时间（游戏在儿童发展中的重要性已被越来越多的人所认识）。这反过来又要求抚养儿童的人——父母、亲戚和监护人——之间的境遇差异不应太大。换句话说，仅有机会平等是不够的，我们还需要有相对较高程度的结果平等。

通过市场监管，我们可以实现更大的结果平等。一些法规保护经济上的弱者不受强者的影响。例如，瑞士和韩国通过保护小农场（如限制农产品进口）或小商店（如限制大型零售商）减少其收入不平等。减少不平等也可以通过金融监管（如限制高利润但高风险的投机活动）或劳动力市场监管（如实行体面的最低工资制度，增加病假工资）实现。然而，正如我们在高度平等的欧洲福利国家的案例中所看到的那样，通过"福利国家"政策的再分配，无论是通过直接的收入转移还是通过保证人们平等获得高质量的"基本服务"，如教育、医疗和水，都可以更有效地实现更高程度的结果平等（见**"黑麦"**）。

长期以来，关于不平等的辩论一直以一种误导的方式进行，因为人们只想到了结果和机会，而忽视了需求和能力。左派认为公平就是使每个人的结果平等，而忽略了不同的人有不同的需求和能力。

右派认为机会平等就足够了，却没有意识到真正的公平竞争需要个人之间能力的某种平等，如果不通过收入再分配、保证获得高质量的基本服务和规范市场来实现父母辈在结果上的相当程度的平等，就无法保证机会平等。

我们不想选择一家认为"给素食者提供鸡肉是公平的"的航空公司。然而，我们也不希望乘坐一家提供一系列餐食选择以满足不同口味和需求（甚至可能不止一种鸡肉菜肴）的航空公司——这样一来我们中很少有人能负担得起机票费用。

辣　椒

辣椒泡菜

韩国，我岳母的菜谱

用红辣椒粉、切碎的大蒜和发酵凤尾鱼酱腌制的青椒

　　很多人都害怕辣椒的辣味，这是可以理解的。对那些不习惯辣椒的人来说，火辣辣的味道可能造成一系列不适——烧嘴、流眼泪、疼痛引起的出汗，甚至是肠道痉挛。对来自我所称的"辣椒地带"（包括墨西哥、秘鲁、加勒比海周围、北非、南亚、东南亚、中国和韩国）的人来说，很难想象食物没有辣椒的辣味。

　　辣椒的辣其实不是一种味道，而是一种疼痛。它实际上是浆果（是的，辣椒是某种形态的浆果，见"**草莓**"）变出的一种复杂的化学戏法。尽管辣椒素会引起灼痛，特别是对我们的黏膜，但辣椒素，即辣椒中辣味的主要来源，实际上并不会造成任何直接的组织损伤。它只是愚弄我们的大脑，使其相信我们的身体正在受到这种损害。

这是通过辣椒素与我们的一种感觉受体的结合实现的，该感觉受体"使身体能够检测到极端的温度、酸性或腐蚀性物质的接触或任何种类的磨损或摩擦"。[103]

辣椒的辣度是一个问题，人们甚至发明了一个专门的量表测量它，即史高维尔指标。该指标以美国药剂师威尔伯·史高维尔（Wilbur Scoville）的名字命名，他在 1912 年提出了这个想法。这个指标通过提取辣椒的辣度成分（辣椒素）来测量辣椒的"辣度"，方法是将干燥的样品溶解在酒精中，用糖水稀释，然后让五位品尝者决定他们是否能感觉到辣。[104] 根据该系统，如果大多数（人数不低于三人）品尝者在特定量的辣椒被稀释到例如 10000 份水中时开始无法感觉到辣，那么该辣椒将获得 10000 分的史高维尔辣度单位（SHU）。①

虽然没有史高维尔指标那么有辨识度，但在提供来自辣椒地带的食物的餐厅中，有一种更直观的辣椒量表。在本土食物比较温和的国家，这种量表可以帮助顾客避免辣椒引起的过度疼痛。该量表使用辣椒小图标（0～3 个），标示在菜单的每道菜边上，表示菜肴的辣椒含量。

21 世纪初的几年，我和我的朋友邓肯·格林（著名的发展活动

---

① 甜椒的辣度低于 100 SHU，青阳辣椒（韩国一种比较辣的辣椒）的辣度在 10000～25000 SHU 之间，泰国鸟眼辣椒的辣度在 50000～100000 SHU 之间。哈瓦那辣椒根据不同的品种，辣度范围在 100000～750000 SHU 之间。卡罗来纳死神辣椒的标本辣度高达 2200000 SHU，已被吉尼斯世界纪录收录为世界上最辣的辣椒（2021 年）。

家①）去伦敦的一家川菜餐厅吃饭，该餐厅采用了一种相当细致的辣椒等级分类，其辣椒图标有 0～5 个不等。大多数川菜都含有某种形式的辣椒（新鲜的、干的、磨碎的、腌制的，或以辣椒豆瓣酱和辣椒油的形式添加）[105]，这家餐馆一定觉得它需要一个比通常的 2～3 个辣椒更精确的刻度，以便正确区分菜肴的辣度。

作为一名喜欢吃辣的韩国人，我想点一个标有 5 个辣椒的菜，但我克制住了自己，点了辣椒标识少一点的菜，因为邓肯不能接受太辣。邓肯虽然很乐意挑战辣味，但保险起见还是点了一道没有辣椒标识的菜。我得承认这是一个明智之举，如果他觉得其他菜太辣，至少还有一道菜可以享用。

然而，菜上来时，邓肯脸色变了。他的无辣椒菜里有五六个小指头大小的炸干辣椒。他完全不明白，问女服务员是否有错。女服务员说没有错，邓肯抗议说他点了一道没有辣椒的菜，服务员解释说一道菜旁边没有辣椒标识不代表里面没有辣椒。她以学校老师的耐心解释说，辣椒标识只是一个相对辣度的指标，而不是表明其中有多少辣椒。

可怜的邓肯接受了他的命运，把菜里的辣椒挑出来，但有些辣椒素已经混在食物里了，对他来说还是有点辣了。至于其他菜，值得称赞的是，他尝试了所有的菜，并觉得能接受，尽管付出了一些

---

① 邓肯也是"社会变革科学"这一新兴领域的先驱，有兴趣可以阅读他的《从贫穷到权力：积极的公民和有效的国家如何改变世界》（*From Poverty to Power: How Active Citizens and Effective States Can Change the World*）和《改变是如何发生的》（*How Change Happens*）。

汗水和泪水。

这个故事有一个圆满的结局。邓肯逐渐喜欢上了辣椒的味道，后来经常去这家餐厅，这家餐厅最终成了他最喜欢的餐厅之一。

当某样东西无处不在时，它就会被认为是理所当然。当某样东西被认为是理所当然时，它就不会被计算在内，就像我故事中四川餐馆的"辣椒等级"中的辣椒。经济学中的极端例子就是在家庭或社区从事无偿护理工作。

最广泛使用的衡量经济产出的指标是国内生产总值（GDP），它只计算在市场上交换的东西。[106] 像经济学中的所有其他衡量指标一样，它也存在问题，最大的问题是它基于一个非常"资本主义"的观点，即假设不同的人对同一事物的价值有不同看法，决定某物对社会的价值的唯一方法是看它在市场上的价格。

这种只计算市场活动的做法使很大一部分经济活动被忽略。在发展中国家，这意味着很大一部分农业产出没有被计算在内，因为这部分农业产出被农村人口消费掉了。这部分农业产出没有在市场上交换，也就没有被纳入 GDP 统计。在富裕国家和发展中国家，只基于市场衡量产出意味着家庭或当地社区的无偿护理活动没有被算作国民产出的一部分，比如生育、抚养孩子、家庭教育、照顾老人和残疾人、烹饪、清洁、洗衣和家务［也包括美国社会学家艾莉森·达明格（Allison Daminger）所说的"认知劳动"］[107]。这些活动没有被计算在内，尽管事实上，如果按市场价格计算，这些活动将达到国内生产总值的 30%～40%。[108]

　　只要做一个简单的思想实验，就能看到不计算非市场化的护理工作的荒谬之处。^① 如果两个母亲交换照顾对方的孩子，同时按市价向对方支付（相同的）托儿费（这将使她们两个人的经济状况不受影响），GDP 将增加，即使连托儿的数量也保持不变。^② 在更加概念化的层面上说，不计算这些活动也有很多的问题，没有这些活动人类社会就不会存在，更不用说经济（依附于社会）了。

　　绝大部分无偿护理工作是由妇女完成的，不计算这些工作就意味着大大低估了妇女对我们的经济和社会的贡献。家务是种"隐形"工作，当我们谈论"在工作的母亲"时，就好像留在家里的母亲没有在"工作"一样。这强化了"女性在家时无所事事"的性别歧视偏见，而她们在家里投入的护理工作往往比她们的男性伴侣投入的有偿工作要多得多。我们应该把"在工作的母亲"称为"有偿就业的母亲"，作为对无偿护理工作给予充分的社会认可的一步。

　　护理工作的价值被低估不仅是一个社会认可的问题。它也对妇女产生了物质上的影响。妇女往往更经常地承担照顾者的角色（从生儿育女到照顾生病或年老的亲属），因此花在有偿工作上的时间比男性少。由于养老金补贴（国家基本养老金以外的补贴）与个人工资挂钩，这意味着在其他条件相同的情况下，女性不能像男性那样积累更多的养老金补贴，尽管在一些欧洲国家，这一问题部分（但只是部分）通过针对照顾儿童和老人的时间的"护理信贷"等措施

---

① 　这个思想实验不是我发明的，但我不记得我在哪里看到过它了。
② 　更妙的是，只需向对方收取更多费用，这两位母亲就能增加更多国内生产总值。

得到解决。[109] 这反过来又大大增加了那些花时间从事无偿护理工作的妇女在年老时陷入贫困的风险。

与对社会所做的贡献相比，不仅无偿护理工作的价值被低估了，有偿护理工作的价值也被低估了。在新冠大流行期间，我们以最鲜明和悲惨的方式看到了这一点。[①]

在新冠大流行期间，许多国家意识到，有些人就像在家里和社区从事无偿护理工作的人一样，如果没有他们的工作，我们的社会就不可能存在。这些人包括从事有偿护理工作的人、医疗行业从业者（医生、护士、救护车司机）、儿童护理者、老年护理者、教育从业者等。他们还包括本身不从事护理工作但对社会的生存和更新（技术术语是"社会再生产"）来说必不可少的人，如生产食物和其他必需品的人，配送食物的人（超市工作人员、送货员），公共交通工作人员，清洁和修理建筑物和基础设施的人等。从事这些职业的人在英国被定义为"关键工人"，在美国被定义为"重要雇员"，并在基本购物或子女教育等方面享有"特权"，[②] 他们甚至被誉为"英雄"。

然而，除了顶级医生之外，几乎所有这些"基本"工人的工资都很低。这是一个自相矛盾的东西。如果有些活动是必不可少的，

---

① 世界卫生组织（WHO）于 2020 年 1 月 30 日宣布新冠疫情为国际关注的公共卫生紧急情况，并于 2020 年 3 月 11 日宣布新冠病毒已构成全球大流行。

② 在购物方面，英国的"关键工人"被允许在超市开放时间之前购物，或优先获得短缺的基本食品和家庭用品。在教育方面，即使学校普遍关闭，他们的孩子也被允许去上学。

那么根据定义，从事这些活动的人不应该得到最高的报酬吗？

然而，实际上就连市场化的护理工作也被低估，其中一个原因与忽视无偿护理工作的原因一样，是根深蒂固的性别歧视。由于一些原因（一个章节无法概括），妇女，特别是有色人种妇女和移民妇女，从事低薪护理行业（如从事护理、儿童保育、养老院服务和家政服务）的比例很高。[110] 这些女工的工资不仅低于从事类似工作的男性，而且低于与她们能力相当的男性在以男性主导的职业中赚到的工资。换句话说，即使在市场上，妇女的工作也是被低估的，并且以低估的价值计入 GDP。

造成这种矛盾局面的另一个更重要的原因是，我们生活在资本主义经济中，市场决定着商品和服务的价值。问题的关键在于，市场是以"一美元一票"，而不是"一人一票"为基础的决策系统（见**"大蒜"**与**"青柠"**）。在这个系统中，决定某物价格的是人们愿意为它支付多少钱，而不是有多少人需要它。无论某样东西对某些人的生存多么重要，如果这些人没有钱支付它，它在市场上就不算数。这意味着这些"必要的"商品和服务的价值被严重低估，无论是基本食品、医疗保健、教育，还是养老院服务。同时，只要有人愿意付钱，哪怕有些东西无论从常识的角度来看是多么的非必要和无关紧要，都会有人提供。因此就出现了这样一种荒谬的情况：亿万富翁们在新冠大流行期间进行了一场"太空竞赛"，而就在此期间，许多医护人员因为没有足够的个人防护设备而生病，新冠患者因为医务人员和医疗设备的短缺而死亡，养老院的老人因为无法得到适当的护理而感染了新冠。①

就像我故事中的川菜馆对待辣椒的态度一样，我们已经把主要由妇女完成的无偿护理工作视为"理所当然"，尽管我们的经济和社会离不开它。这种性别歧视的偏见和随之而来的性别歧视的做法，再加上市场衡量价值的方式，导致了有偿护理工作被严重低估。这两个方面因素的结合，往好了说是我们严重低估了许多最基本的人类活动，往坏了说是完全忽视了这些活动，从而对这些对人类福利非常重要的活动产生了巨大的偏见。

为了纠正这种情况，我们需要改变我们对护理工作的看法、做法和制度。[11]

第一，看法。我们需要认识到护理工作（包括有偿和无偿）对人类生存和福利的重要性，或者说本质作用。我们需要停止认为事物的价值应该由市场决定。我们还需要摒弃"护理工作是妇女做的"这样的想法。

第二，看法的改变需要通过实践的改变转化为现实，比如缩小性别工资差距②，向女性更多地开放传统上由男性主导的职业，以及

① 为了避免读者对市场形成过度负面的看法，让我补充一些它的优点，其中有两个优点比较突出。第一，市场体系使我们能够汇总和处理大量的信息，而这些信息对于复杂的经济体的形成是必要的。第二，通过奖励那些提出新点子来为消费者服务的人，它刺激了生产效率的提高。然而，市场的这些优点需要与它的局限性相对照，其中许多已经在本书的各个章节中讨论过了。

② 全世界的性别工资差距约为20%，尽管这一数字可能像巴基斯坦或塞拉利昂那样高达45%，或者像泰国那样低至零，甚至像菲律宾或巴拿马那样为负值。这些数据来自国际劳工组织（ILO）的《理解性别工资差距》(*Understanding the Gender Pay Gap*)，2020年6月。

与种族歧视做斗争（这样一来，报酬低的护理工作就不会成为少数族裔妇女的唯一选择）。

第三，这些看法和做法的改变需要通过制度的改变在社会上得到巩固。[①] 对无偿护理工作的认可应通过福利制度的变革正式实现——给予男女双方更长的带薪护理假（照顾孩子、照顾老人、照顾生病的亲戚或朋友），为在家的父母和从事有偿工作的父母提供负担得起的儿童保育，以及在计算养老金时引入（如果没有）或加强"护理信贷"。通过提高最低工资和制定法律来保障护理部门的工作条件，有助于我们认可有偿护理工作的重要性。更广泛地说，护理服务的市场化应受到限制和严格的监管，这样每个人，无论收入如何，都能获得基本的护理服务。

对全世界数十亿人来说，不放辣椒的食物是难以想象的。对全人类来说，没有护理工作（无论是有偿护理还是无偿护理）的生活，是不可想象的。但必不可少和普遍存在也让辣椒和护理工作"隐身"，并因此被低估，甚至被认为没有价值。邓肯接受了川菜馆对辣椒的不同看法，并改变了他的饮食习惯，这为他开辟了饮食的新视

---

① 英国国家医疗服务体系的工作人员的待遇最能说明制度变革的重要性。在 2020 年新冠大流行的早期，数百万人将他们誉为"英雄"，每周一次在指定时间来到他们的花园和街道，拍手感谢他们。这种做法持续了十周，名称是"为我们的医护人员鼓掌"。然而，在 2021 年 3 月对医疗服务体系的工作人员的薪酬结算中，英国政府提出了 1% 的涨幅，这被医疗服务体系的工作人员广泛描述为"打脸"。这是一个非常老套的说法，但如果你想使一项改变永久化，仅仅改变情绪和个人做法是不够的，"鼓掌并不能支付账单"——正如一项改善英国医疗服务体系工作人员薪酬的运动的口号所说。这种改变必须得到制度的支持。

野，带来了更好的烹饪生活。同样，如果我们要建立一个更平衡、更老少皆有所养、更公平的美好世界，我们需要改变我们对护理工作的看法、做法和制度。

第五部分

畅想未来

青 柠

卡瑟莉亚 / 卡皮罗斯卡鸡尾酒

巴西

卡莎萨或伏特加，加青柠檬汁和糖

　　大英帝国按人口（1938 年为 5.31 亿）[112] 和面积（1922 年为 3400 万平方公里）[113] 计算，是历史上最大的殖民帝国，它的成功（当然是从英国人的角度来看）不能用单一因素解释。英国的工业优势显然是其核心所在，著名的分而治之的策略使其能够以小规模的军队（通常主要由当地雇佣军组成）管理殖民地，使其有可能控制超过自身人口十倍的地区。[114] 然而，最直接的原因是它通过优越的海军力量控制海洋的能力，使得这样一个庞大而分散的帝国能够维持，正如歌曲《不列颠女神》（"Rule Britannia"）① 的一个版本所说：

---

① 不列颠女神是戴着头盔、拿着三叉戟的女战士，她象征着英国。

"不列颠女神统治着海浪。"

从 16 世纪开始，英国与西班牙、荷兰，以及随后与法国在欧洲展开竞争，最终在全球竞争海上霸权。在接下来的几个世纪里，英国积极投资建设了一支武器精良、装备精良、管理精良的海军，逐一打败了竞争对手。[115] 在 1805 年的特拉法尔加海战中，皇家海军在海军上将霍雷肖·纳尔逊（Admiral Horatio Nelson）的指挥下，击败了法国和西班牙海军的联合舰队，巩固了英国在接下来一个多世纪中的全球海上霸权。

英国作为一个岛屿国家，有了这样一支强大的海军，几乎是不可战胜的，反过来也能免受外部入侵，因此英国在国内只需要相对较少（因此是经济的）的军队用于维持内部秩序，镇压反对极其不平等的社会经济秩序的（经常发生的）叛乱。[116] 最重要的是，强大的海军使它能够通过夺取遥远地方的土地扩张帝国版图，击退企图夺取这些土地的敌对势力，保护从事殖民贸易的商船免遭海盗袭击。[117]

在英国海军的崛起过程中，一种叫作青柠的微小而廉价的水果起到了关键作用。

15 世纪末，在欧洲帆船跨洋航行的早期，水手面对的最大杀手不是敌船，不是海盗，甚至不是风暴，而是坏血病。这是一种可怕的疾病，症状包括嗜睡、牙龈肿胀和出血、牙齿松动、严重的关节疼痛，往往以死亡告终。

我们现在已经知道，坏血病是由体内缺乏维生素 C 造成的，但其原因在上一个世纪以前仍是一个谜。与大多数其他动物不同，人类自身无法合成维生素 C，因此需要口服维生素 C。[118] 由于连续数月食用腐臭的咸肉、虫蛀的饼干（"硬饼干"）和走味的啤酒，跨洋航行的水手很容易患上坏血病，并像苍蝇一样死去。[①] 坏血病是如此普遍，船东和政府甚至假定任何重大长途航行的水手都会面临 50% 的死亡率。[119] 据估计，从哥伦布的跨大西洋航行到 19 世纪中期，全世界有超过 200 万名水手死于坏血病。[120]

自然，人们疯狂地寻找治疗坏血病的方法。人们尝试了各种治疗措施，包括醋和矾酸。慢慢地，柑橘类水果的汁液被认为是一种有效的治疗方法，尽管直到 20 世纪，人们才明白其活性成分是维生素 C。寻找治疗坏血病的方法对发现维生素 C 非常重要，这种维生素的学名叫抗坏血酸（ascorbic acid），字面意思是抗坏血病的酸。

虽然其敌对海军也了解柑橘类水果果汁对坏血病的疗效，但英国皇家海军是第一个系统地应用这种"药水"的国家。[121] 1795 年，海军部将柠檬汁作为水手的必备口粮，并巧妙地将其混入被称为格罗格酒（grog）的淡朗姆酒中，保证水手都在服用。柠檬很快被青柠取代。部分原因是青柠更便宜，也更容易供应。与柠檬不同，青柠生长在英国在加勒比海的殖民地。但用青柠替换柠檬也是因为青柠被认为更有效，当时人们错误地认为坏血病是由酸度（青柠的酸度比柠檬高）而不是由维生素 C（青柠的含量只有柠檬的一半左右）

---

① 人体可以储存维生素 C 至少 1 个月，通常可达 3 个月，所以在跨洋航行初期，坏血病对水手来说并不是一个大问题。

治愈的。

　　在引入柠檬和青柠汁的短短十年内，坏血病在英国皇家海军中几乎销声匿迹。[122] 食用青柠成为皇家海军的一个突出特点，以至于英国海军水兵被美国人称为"青柠人"，用以指代所有在美国的英国人。

　　另一个将青柠作为国家认同象征的是巴西。青柠是该国酒精饮料卡瑟莉亚鸡尾酒（caipirinha）的关键成分。这种酒由青柠汁（尽管也使用其他水果的汁液，如西番莲）、糖和巴西的"国酒"卡莎萨（cachaça）制成。①

　　卡莎萨由发酵的甘蔗汁蒸馏而成（所以卡瑟莉亚鸡尾酒是糖加糖加青柠）。如果蒸馏到很高的程度，甘蔗汁就会变成乙醇，可以作为汽车燃料使用。作为世界上最大的甘蔗生产国，巴西从 20 世纪初就开始尝试用乙醇作为汽车燃料。② 在大萧条和第二次世界大战导致国际贸易崩溃后，由于石油进口困难，巴西政府开始认真推动乙醇燃料的使用，规定汽油中必须含有 5% 的乙醇混合物，并对乙醇工业进行补贴。"二战"后，随着廉价石油的使用，乙醇的使用量有所下降，但在 1973 年第一次石油危机后，巴西政府推出了一项雄心勃勃的计划，旨在推动用乙醇替代石油。

---

①　卡瑟莉亚鸡尾酒可以用伏特加制作，在这种情况下，它被称为卡皮罗斯卡鸡尾酒（caipiroska）。我个人更喜欢这种酒，因为我觉得卡莎萨有点太甜了。

②　亨利·福特的 T 型车是第一款大规模生产的汽车，于 1908 年推出，也使用汽油和乙醇混合物作为燃料。

巴西 1975 年的"国家乙醇计划"补贴了投资乙醇生产的制糖商，还补贴了泵站的乙醇价格。[123] 20 世纪 70 年代末，在巴西的汽车生产商（如菲亚特和大众）甚至开发了可以完全使用乙醇的发动机。到 1985 年，在巴西销售的所有新车中，有 96% 采用了全乙醇发动机。从那时起，随着油价、甘蔗产量和政府补贴规模的波动，该计划的进展也起起伏伏。2003 年大众公司推出的可以使用汽油和乙醇混合物的"弹性燃料"汽车，以及其他制造商的跟进，确保了乙醇在巴西作为主要能源的地位。今天，乙醇占巴西每年能源供应的 15%。难怪美国历史学家詹妮弗·伊格林（Jennifer Eaglin）把她关于巴西乙醇燃料历史的重要研究报告命名为"比卡莎萨酒更巴西"。[124]

在巴西之外，乙醇和其他现代生物燃料（如生物柴油，用油菜籽油或大豆油等植物油或动物脂肪制成）在过去几十年间才正式进入能源系统。[①] 随着对气候变化的日益关切，许多国家要求在汽油中掺入乙醇，在柴油中掺入生物柴油，以减少化石燃料的使用。

世界已经在经历极地冰雪融化和海平面上升，极端天气事件（热浪、飓风、洪水、山火）的强度和频率增加，物种也在不断灭绝。科学界一致认为，如果不尽快通过彻底减少温室气体（如二氧化碳、甲烷、一氧化二氮等）的排放控制全球气温的上升，人类将在未来几十年面临生存威胁。

---

① 我说"现代生物燃料"，因为从技术上讲，木柴或动物粪便也是生物燃料。

第一，我们需要新技术，而且是大量的新技术。

最重要的是，我们需要替代能源技术，使我们能够在不排放温室气体的情况下产生能源——生物燃料、太阳能、风能、波浪能、水电、氢燃料，甚至在某些情况下将核能作为权宜之计。[125] 捕获排放的碳并加以利用或掩埋，也可以发挥（微小的）作用。[①] 我们需要更有效的方法来储存电力，这样我们就可以在更稳定的基础上利用太阳能或风能产生的间歇性电力。

我们需要的不仅仅是新的能源技术。化石燃料不仅被用作能源，还被用于制造现代工业生活方式的关键物品——钢铁、化肥、水泥和塑料。[126] 因此，我们需要开发技术，在制造这些物品时尽可能少地使用化石燃料，开发更有效的回收方法，以及生产需要化石燃料更少（最好是零）的替代品。

我们还需要"适应技术"，帮助我们应对气候变化的后果。鉴于更频繁和严重的干旱，我们需要更好的灌溉、水循环和水淡化技术，同时开发出更能抵抗极端天气的农作物。天气预报和防洪方面的改进可以帮助我们更好地应对更频繁、规模更大的风暴和气旋。

更好的技术是必要的，但还不够。我们还需要改变我们的生活方式，主要是改变富裕国家的人和发展中国家的富人的生活方式。

即使使用替代能源，如生物燃料、电池和氢燃料电池，我们也需要减少个人车辆的驾驶。这说起来容易做起来难，特别是在美国

---

① 这被称为 CCUS，即碳捕获、利用和储存。

这样的国家，生活空间分散，公共交通条件差，大量的长途驾驶是不可避免的。在这些国家，若要减少个人车辆的使用就要对公共交通进行重大投资，从长远来看，还需要改变城市规划条例从而对生活空间进行彻底的重组（后面会有更多的介绍）。

第二，我们可以更有效地利用生活和工作空间中的能源。更有效的房屋保温（例如，填充墙体空隙，安装双层或三层玻璃窗）和使用热泵将大大减少房屋供暖的能源需求。我们可以更及时地关闭家里的电灯以减少用电量。在工作场所也可以这样做，办公大楼应该有更好的隔热性能，在工作时间之外办公大楼只开有限的照明。

第三，改变我们的饮食习惯也可以产生很大的影响。农业占温室气体（GHG）排放的很大一部分（估计在15%～35%）。[127] 少吃肉有助于减少温室气体的排放，根据最新的估计，牛肉生产占农业温室气体排放量的25%（见"**大虾或小虾米**"和"**牛肉**"）。[128] 我们还应该更多地吃应季食物，温室种植（即使是种植"本地"农作物）或从遥远的地方运送（甚至空运）非当季食物，都会产生巨大的碳足迹。我并不是说我们应该完全放弃食物的多样性，但生活在富裕国家的人应该降低他们对按需供给食物的期望。

然而，所有这些技术的可能性和我们生活方式的可能变化，如果没有一致的、大规模的公共行动——地方和国家政府、国际组织和国家之间共同合作，将不会有太大的意义。只靠市场激励和个人自觉是不够的。

在技术方面，我们需要政府积极参与推广"绿色"技术。如果留待市场决定，那么对抗和应对气候变化所需的许多技术将根本得不到开发。这不是因为私营部门的公司是"邪恶的"，而是因为它们要面临提供短期结果的持续不断的压力。在放松金融管制的情况下，这种情况会变得更加糟糕（见"**香料**"）。在开发和部署"绿色"技术时，我们可能要等上几十年甚至更长的时间，才能获得回报。然而，私营企业的投资回报期是几年，甚至几个季度，因此它们不愿意投资开发这种技术，这是可以理解的。

私营部门的短视解释了为什么对新技术的大规模投资及部署历来需要强有力的政府行动。这方面的主要例子是信息技术和生物技术的发展，最初几乎完全由美国政府资助（分别通过联邦"国防"和"健康"研究计划，见"**面条**"），因为这些技术的风险很高，回报期很长。在中国、巴西、美国以及欧洲的一些国家，低碳能源技术，如太阳能和风能，只有在政府的干预下才得以大规模发展和部署。[129]

为了确保我们开发的技术能够帮助较贫穷国家在应对气候变化后果的同时，以最少的温室气体排放推动经济发展，我们也需要公共行动。市场是"一美元一票"，而不是"一人一票"（见"**大蒜**"和"**辣椒**"），因此，如果放任不管，投资将流向那些为有钱人服务的技术。这意味着对较贫穷国家最需要的技术——用于农业和工业生产的高效能源技术或"气候适应技术"——的投资将相对较少。我们需要采取公共行动，支持这些技术的发展，并以补贴价格，甚至免费地转让给发展中国家（如果这些技术是由富裕国家的研究人员和公司开发的）。这种行动是实现"气候正义"的一个必要步骤，因为发展中国家对气候变化的影响很小，但却承受着严重的后果，其中一些地方已经在海平面上升中消失。

个人只有在政府政策的支持下，才能真正改变他们的生活方式。

有时，这是因为个人行为的改变需要前期投资，而这些投资超出了许多人的能力。安装更好的隔热材料、双层玻璃和热泵提高房屋的能源使用效率，需要大量的前期投资，而这些投资不是所有人都能负担，尽管从长远来看，这些投资能惠及他人。如果要进行这些投资，就需要政府的补贴和贷款。

有时我们需要公共行动，因为让个人在市场上做出"正确"的选择来处理系统性问题，如气候变化，不仅不公平，而且没有效果。"更环保的饮食"就是一个最好的例子。理论上，我们可以要求销售食品的人充分披露其产品的碳足迹，让消费者"以正确的方式购物"，并淘汰污染严重的生产商。然而，在现实中，这和什么都不做是一样的。首先，消费者没有时间和心智处理关于食品碳足迹的所有信息，即使它们被完全披露出来。[130]事实上，这可能比什么都不做更糟糕。如果政府不制定最低环境标准，就会出现"竞相压价"的情况，即污染程度高的供应商会通过提供更便宜的产品清除竞争对手。

青柠可能是治疗坏血病的有效解药，但它需要当时世界上最强大的机构英国皇家海军采取行政措施，才能有效地使用它，并因此拯救了许多水手的生命。皇家海军没有让每个水手在启航前自行打包柑橘类水果，而是强制要求将青柠纳入配给，并添加到水手最喜欢的小酒（朗姆酒）中，以确保每个人都能摄入维生素 C。

应对气候变化也应如此。我们知道解决方案，但就像皇家海军和青柠一样，我们不能把实施解决方案的希望寄托于市场上的个人选择。我们必须利用我们所掌握的所有集体行动机制——地方和国家政府、国际合作和全球协议——确保这些解决方案得到实施。这些集体行动包括食品的监管、公共交通的投资、城市规划政策的改变、政府对改善房屋隔热性能的补贴、为开发更节能的技术提供资金支持，以及向发展中国家转让"绿色"技术。最有效的社会变革往往发生在个人变革与坚定的大规模公共行动相结合的时候。

第15章

香 料

咖喱蛤蜊鲛鰊鱼汤

我的私房菜谱

鲛鰊鱼（或任何肉质坚实的白鱼）与咖喱蛤蜊汤一起煮

你现在肯定已经知道，我不会沉迷于某种特定的美食，对韩国食物也是如此。当我还是个研究生的时候，我经常6个月都不吃韩国菜，并对此毫不在意。我也不需要经常吃意大利菜、墨西哥菜或日本料理，尽管这些都是我的最爱。

但也有一个例外——"印度"菜，或者说南亚菜，[①] 几周吃不到南亚食物，我就会想念它。

---

① 我在说"印度"时用了引号，因为在英国，10家"印度"餐馆中就有8家是由孟加拉人经营的，其中95%的人估计来自该国的一个行政区——锡尔赫特（参见 A. Gillan, "From Bangladesh to Brick Lane", *The Guardian*, 21 June, 2002）。因此，我在这里和书中其他地方称这种美食为南亚菜而不是"印度"菜。

具有讽刺意味的是，我第一次尝试南亚食物时并不喜欢，反而对其他大多数新菜系一见钟情。20世纪80年代末，当我第一次在苏豪区的一家泰国餐厅尝试泰国菜时，就对它一见倾心。希腊菜——木莎卡（moussaka）、希腊鱼子泥沙拉（taramasalata）、卢卡尼科香肠（loukaniko sausages）等，都让我瞬间爱上。1987年我第一次去意大利，我在吃意大利菜时甚至没有感觉到我是在吃"外国"食物。但"印度"菜就不是这样。

在我的（非南亚）朋友面前，我抱怨南亚食物缺乏"主体"。我不知道我到底想说什么，但我一定是在潜意识中对我尝试过的菜肴中相对缺乏咸鲜味——缺少酱油和大蒜——感到不快。然而，回想起来，我认为我抱怨的真正原因是，我无法处理南亚菜肴中的众多香料给我带来的复杂和不寻常的感觉。

我到英国之前，只知道五种香料——黑胡椒、芥末、肉桂、姜和辣椒。在这五种香料中，我只见过肉桂、生姜和辣椒的原始形态；黑胡椒是灰色的粉末状物，而不是胡椒粒，芥末的制作方式与英国芥末相似（尽管味道更温和、更甜）。

然而，随着时间的推移，我开始欣赏并深深地爱上南亚菜肴中各种香料的复杂味道、香气和感觉——芫荽籽、芥末籽、小茴香、丁香、肉豆蔻、肉豆蔻干皮（肉豆蔻的外壳）、八角、茴香籽、葛缕子（藏茴香）、藏红花、小豆蔻、罗望子、阿魏等。

如今，我是一个香料狂人。我主要用芫荽籽、茴香籽和小茴香做简化版的南亚菜。对我来说，使用一大堆正宗香料有点令人生畏，也没有必要（因为餐馆和即食食品已经能够让我吃到好吃的南亚食物）。印度茶（masala chai）是用牛奶、姜、小豆蔻和其他各种香料煮出来的南亚甜茶，是我最喜欢的饮料。

我不仅在做南亚菜时会放香料，在做大多数炖菜和意大利面时，也会放大量黑胡椒，整粒的或是磨碎的。我在做酥皮水果甜点时（苹果和大黄是我最喜欢的馅料，尽管我也做普通的苹果屑和李子屑的），我会在馅料中加入大量的丁香、豆蔻荚和肉桂（粉或皮）。有时我还会加入黑胡椒，以增强味道。我做意大利肉汁烩饭时只用一小撮藏红花——只要用了原汁原味的汤①，就不需要其他东西。近来，我热衷于做南亚"奶酪吐司"（对非英国人来说是烤奶酪三明治，见"凤尾鱼"），其中会加入大量的芫荽籽和辣椒粉，以及切碎的洋葱、大蒜和芫荽叶［我用的是从律师转行做厨师的妮莎·卡托娜（Nisha Katona）的食谱］。

我皈依香料之后实在无法相信我生命的前30年错过了什么。我诘问我的祖先，为什么他们没有学会用丁香（我的最爱！）和芫荽籽等美妙的东西做饭？如果我们使用八角和茴香籽，韩国食品不会更精致、更有趣吗？

随后我意识到，我的抱怨是不公平的。我的祖先被困在欧亚大陆的东北角，那里太冷，大多数香料无法生长。此外，与欧洲人不同，他们没入侵和占领能够种植香料的土地。

---

① 我常用的原汤配方包括鸡肉、芹菜、洋葱、瑞士万寿菊素食高汤粉和少许凤尾鱼酱，即韩国发酵凤尾鱼酱（见"凤尾鱼"）。

欧洲最为珍贵的香料 —— 黑胡椒、丁香、肉桂和肉豆蔻 —— 只生长在过去被称为"东印度"的地方，即南亚（特别是斯里兰卡和印度南部）和东南亚（特别是印度尼西亚）。[①]

众所周知，寻找香料是发现从欧洲到亚洲的航线的一个关键推动力。鲜为人知的是，它还为我们提供了资本主义发展的重要载体，即股份公司，或有限责任公司。

起初，与"东印度群岛"的香料贸易对欧洲人来说是非常危险的。乘坐帆船穿越两个甚至三个大洋（大西洋、印度洋，要去印度尼西亚的话还需要穿越太平洋），说得夸张一点，就像现在发送一个火星探测器并成功将其收回。[131]

可以肯定的是，回报是惊人的，但鉴于风险巨大，投资者不愿意把钱投入香料竞赛中。而且风险还可能更大，因为如果一个企业投资失败，投资者可能会失去一切，其中不仅包括他们投资于该企业的钱，还包括他们的财产（房子、家具，甚至锅碗瓢盆），因为他们被期望偿还他们所借的一切。用更专业的术语来说，他们的责任是无限的。商业冒险的失败甚至会使商人失去个人自由。如果债权人在卖掉他所拥有的一切后仍未能偿还，负债的商人就会被关进债务人的私牢。

潜在的投资者自然不愿意投资风险很大的生意，如香料贸易。有一种解决方案是让投资者只承担有限责任。潜在的投资者得到保

---

① 因为哥伦布和其他早期入侵美洲的欧洲人认为美洲是印度，似乎欧洲人认为除了欧洲、非洲、中东和中国以外的世界都是印度。

证，他们的责任仅限于他们在该项生意中的投资（他们的"股份"），而不是他们拥有的一切。这大大降低了潜在投资者面临的风险，使那些组织高风险活动的人能够通过招募大量的投资者筹集到巨额资金。

于是，英国东印度公司（1600 年成立）和荷兰东印度公司（1602 年成立）这样的公司出现了。它们实际上并不是第一批有限责任公司，但它们因为成功地从东印度引进香料并最终在印度和印度尼西亚经营殖民地（是的，早期是公司而不是国家拥有殖民地），极大地推动了有限责任制。

有限责任制在今天很常见，但直到 19 世纪末，它都是王室以及（绝对君主制结束后的）政府授予的一项特权，只适用于对国家很重要的高风险业务，如长途贸易和殖民扩张。

许多人对有限责任的想法持怀疑态度，甚至对在这种特殊情况下使用它也持怀疑态度。其中包括经济学之父亚当·斯密，他谴责有限责任公司，理由是它让经理人用"别人的钱"（他的原话）进行赌博。他认为，这样的经理人，顾名思义并不拥有公司 100% 的股份，但总是倾向于承担过多的风险，因为他们不必承担失败的全部成本。

这绝对是正确的，但问题是，有限责任制也让我们能够比在无限责任制下更大规模地调动资本。19 世纪中叶，需要大规模投资的"重工业和化学工业"——钢铁、机器、工业化学品、药品等——的兴起使有限责任变得更加必要。如果大多数关键行业，而不仅仅是长途贸易或殖民企业，都需要大规模的资金，就不能再以个案的方式发放有限责任许可了。因此，到 19 世纪末，大多数国家将有限责任规定为一项权利（以满足一些最低标准为前提），而不是一种特权。从那时起，有限责任公司（或称公司）就成为资本主义发展的主要载体。

然而，这个曾经促进经济进步的强大工具近来却变成了经济进步的障碍。在过去的几十年里，金融监管的放松创造了如此多的金融机会，股东不再对他们合法拥有的公司做出长期的承诺。例如，英国的平均持股时间已经从 20 世纪 60 年代的 5 年下降到现在的不到 1 年。如果你连一年的资金投入都不能承诺，你真的能说你在分享公司的所有权吗？

为了让不安分的股东高兴，职业经理人通过分红和股票回购（公司购买自己的股票，从而提高股价，这样股东就可以通过出售他们所拥有的股票"套现"，如果他们愿意的话）给他们极高的利润分成。在过去的几十年里，美国和英国的公司利润中给予股东的比例达到 90%～95%，而在 20 世纪 80 年代之前，这一比例还不到 50%。鉴于留存利润——未分配给股东的利润——是公司投资的主要来源，这一变化严重削弱了公司的投资能力，特别是投资于那些具有长期回报的项目（见"**青柠**"）。

现在是改革有限责任制度的时候了，这样我们就可以保留其优点，同时限制其有害的副作用。

首先，可以对有限责任制进行修改，以鼓励长期持股。例如，让投票权与持股时间挂钩，这样长期股东就有更大的发言权，这被称为"任期表决制"。一些国家，如法国和意大利，已经实行了这种做法，但只是以非常微弱的形式（超过两年的股东可以额外得到一个表决权，诸如此类）。我们需要认真加强任期表决制，例如，每多持有一年的股份就多一票（假设上限为每股 20 票）。在某种程度上，我们需要奖励投资者的长期承诺。

其次，我们应该限制股东的权力，甚至是长期股东的权力，让其他"利益相关者"，如工人、原材料供应商和公司所在的社区在公司管理中拥有更大的发言权。股东的（力量和）问题是，即使是长期股东也可能随时离开。将一些权力赋予流动性远低于股东的利益相关者，也就把权力分配给更关心公司长期未来的选民，而不是公司的所谓"所有者"——股东。

最后，同样重要的是，需要限制股东的选择，从而使他们对所拥有的股份公司的长期前景更感兴趣。这可以通过收紧对投机性较强的金融产品的金融监管来实现，从而减少赚"快钱"的机会，激励股东对公司做出长期承诺。[132]

有限责任制是资本主义发明的最重要的工具之一。然而，在一个金融管制放松、股东缺乏耐心的时代（或用一个更技术性的术语来说，在"金融化"时代），有限责任制正在变成经济进步的障碍，而不是经济进步的工具。我们需要改革有限责任制，以及围绕它的那些制度，如金融监管和利益相关者的影响机制。

就像同样的香料可能使一道菜变得美味，也可能毁了另一道菜，同样的制度可能在一种情况下发挥巨大的作用，在另一种情况下却变成了一个大问题。

第16章

草 莓

草莓牛奶

我妻子熙珍的食谱

草莓加入牛奶中捣碎，再加入炼乳

　　按照科学定义，草莓不是浆果[①]，黑莓和覆盆子也不是。在植物学上，葡萄、黑醋栗、香蕉、黄瓜、番茄、茄子、西瓜和辣椒都是浆果。不要担心。有一些被称为浆果的东西在科学上也是浆果，比如蔓越莓、蓝莓和醋栗。不过，你可能会好奇，为什么植物学领域一些最优秀的人辛勤工作、（想必也）相互争论，最终却只是提出了一个名为"浆果"的科学类别，而有那么多被称为浆果的水果却不

[①]　在植物学上，浆果被定义为没有果核的肉质果实，由含有一个子房的单一花朵发育而成。就草莓而言，果实不是从子房而是从容纳子房的花托长出来的。草莓属于水果的一个亚类，称为"聚合果"。

是浆果，还有那么多不叫浆果的东西却是浆果。[①]

　　无论它在植物学上是否属于浆果，草莓对全球大多数人来说都是"最"好的浆果。应季的高品质草莓是甜的，味道浓郁，可以单独食用。在其他季节，草莓就太酸了。人们用糖或（在我看来更好的选择是）炼乳使它们变甜。还有些胆大的人在吃草莓时加入香醋或黑胡椒，或同时加入两者。在英国，被邀请参加夏季花园聚会，浇上奶油的草莓是必备食物，而我必须承认我不喜欢这种组合。

　　我们用草莓做各种漂亮的甜食，蛋糕、芝士蛋糕和馅饼（我尤其喜欢法式草莓挞）。草莓与香草和巧克力一起构成了全世界冰激凌最重要的三个口味，尽管大多数"草莓"冰激凌不含有真正的草莓。英国人对以草莓为主的甜点特别有创造力，例如伊顿麦斯（由草莓、碎蛋白糖和奶油混合而成，据说是在伊顿公学发明的，该学校以培养英国政治精英闻名）和草莓查佛蛋糕（由草莓、芝士、浸泡在雪利酒中的海绵手指饼干以及有争议的草莓味果冻混合而成[133]，最上面有一层奶油）。

　　如今，通过从不同气候条件的地方进口或在温室中栽培，草莓的供给已经不再受季节限制。但在几十年前，这些做法还代价不菲。所以对大多数人来说，在其他季节品尝草莓的唯一方法是将其制成果酱。人们也把其他水果制作成果酱（如覆盆子、桃子或杏子），但对大多数人来说，"果酱"指的就是草莓酱。

---

① 　英文中，草莓（strawberry）、蓝莓（blueberry）、覆盆子（raspberry）、蔓越莓（cranberry）、醋栗（gooseberry）的名称中都带有"浆果"（berry）。——译者注

草莓酱最常被涂在已经涂有黄油的吐司面包上，也可以夹在两片面包之类的面点之间，如英式果酱奶酪三明治、法式可丽饼或花生酱草莓果酱三明治——这是我家吃的一种对美国经典的 PB&J 三明治［花生酱、黄油、（葡萄）果冻三明治］的变体（见 **"香蕉"**）。对我来说，草莓酱的最佳用途是把它涂抹在英国司康饼上面，再加上凝脂奶油（顺便说一下，对于德文郡与康沃尔郡关于果酱和奶油的顺序的争论我保持严格的中立，两种顺序对我来说味道都不错）。[①]俄罗斯人把草莓酱（和其他水果酱）放在茶里，以增加其甜度并抵消茶的单宁味。这是一个相当聪明的小心思，尽管就我个人而言，我太喜欢英国的牛奶红茶了，除了偶尔换换口味，我不会把果酱加到茶里面。

草莓是一种劳动密集型的作物，特别是在采摘的时候。与苹果或葡萄等水果不同，草莓通常藏在叶子里，有时藏得很深，因此需要花时间来寻找。它们很软，因此在采摘过程中很容易受伤，所以采摘者需要小心翼翼，这就增加了采摘的时间。

在工资高的富裕国家，这种高劳动强度对草莓生产者来说是一个主要问题，因为它可能使草莓非常昂贵。交通便利的小型农场可以通过 PYO（自己采摘，即客户自己过来采摘）部分地解决这一问题，但对大多数农场来说，这不是一个可行的解决方案。他们试图通过雇用廉价移民工人解决（潜在的）高劳动成本的问题。

---

① 德文郡的做法是先放奶油，康沃尔郡的做法是先放果酱。

　　加利福尼亚是美国最大的农业州，生产的草莓占美国草莓产量的 80% 以上，草莓种植中使用的廉价劳动力主要来自墨西哥。加利福尼亚州约 70% 的农业工人出生在墨西哥，其中至少有一半是"黑工"，这意味着他们在美国工作是非法的。[134]

　　这些墨西哥移民工人称草莓为 la fruta del diablo，即魔鬼的果实，因为采摘草莓是加州收入最低、最困难，因而也是最不受欢迎的农活之一。[135] 草莓植株很低（10～15 厘米高，生长在 20～30 厘米高的栽培床上），所以你必须不停弯腰采摘果实，每天做 10 到 12 个小时，连续几个星期，"可能会造成极度的身体疼痛和终身残疾"[136]。大多数工人工资很低，工作条件很恶劣。[137] 他们的工资只有"合法"工人的一半左右，而且许多人受到虐待。雇主算准他们不敢跑去报警。

　　在过去的几个世纪里，农业的机械化已经发展到非常高的程度，至少在人工昂贵的富裕国家是如此，从牛犁或马犁、锄头和镰刀到拖拉机、联合收割机，现在甚至还有无人机。① 然而，迄今为止，采摘草莓的工作一直是机械化的对立面，因为采摘草莓涉及判断（果实藏在哪里以及是否足够成熟可以采摘），并且极其精细化（果实容易受伤）。

　　但情况正在发生变化。我们即将能够看到采摘草莓（以及其他

---

① 农业机械最初以马、牛为动力。联合收割机（合并了收割机和脱粒机）是 19 世纪 80 年代发明的。20 世纪初出现了使用内燃机的现代拖拉机。如今，无人机被用于监测作物健康、牲畜和灌溉系统。

难以采摘的水果和蔬菜，如覆盆子、西红柿和生菜）的机器人商业化。目前，有几家公司正在开发机器人采摘机，可以定位、评估草莓的成熟度，然后在不伤及草莓的前提下采摘。[138] 这些机器人还比不上人类，但它们在不断改进，很快就会攻克农业自动化的最后一个前沿领域——草莓采摘。

不仅草莓采摘者的工作受到了自动化的威胁。近年来，机器人将取代大多数人类工人，大多数人将失去工作的消息充斥着新闻媒体，你肯定读到、听到或看到过。人工智能（AI）技术的发展尤其加剧了人们对未来失业的恐惧，它使机器能够取代人类的大脑，而不仅仅是手和肌肉。《金融时报》在 2017 年推出的一个名为"机器人能做你的工作吗"的互动项目，象征着全球对自动化的焦虑。

至少在过去的两个半世纪里，自动化导致的工作流失一直是资本主义的一个特点（见"巧克力"）。① 事实上，那些为《金融时报》等媒体撰稿的记者、经济学家和商业评论家，在蓝领工人因担心工作被裁减而试图推迟引进节省劳动力的技术时，不断责备他们抵制经济进步。那么，为什么这些记者和评论员突然担心起自动化对工作的影响了呢？

我在其中闻到了阶级虚伪的味道。当评论家阶层的成员认为自己的工作不受自动化影响时，他们很容易将抵制技术的蓝领工人谴

---

① 从英国发明家理查德·阿克莱特（Richard Arkwright）在 1771 年发明了第一个以水为动力的全自动棉纺织流水线和美国工程师奥利弗·埃文斯（Oliver Evans）在 1785 年发明了第一个完全自动化的面粉厂工业流水线开始。

责为"卢德分子"。卢德是 19 世纪早期的英国纺织工人，以他为首的工人认为可以通过砸碎取代他们的纺织机来拯救自己的工作。然而，现在自动化正在影响他们和他们的朋友所从事的白领职业——医学、法律、会计、金融、教学，甚至新闻①，他们对技术驱动的失业的恐惧来得太迟了，更糟糕的是，他们的技能被永久裁撤了。

但我们不应该被评论家阶层新发现的对自动化的恐慌所淹没。在过去的 250 年里，自动化一直伴随着我们，我们从来没有见过大规模破坏工作岗位的情况，而这也将是我们对未来的预测，因为自动化不仅破坏工作，也创造工作。

首先，自动化本身创造了新的就业机会。例如，机器人可能会摧毁采摘草莓的工作，但自动化会创造出对机器人工程师、生产机器人的工人和生产机器人零件的工人的需求。此外，自动化可能会减少每单位产出的劳动力需求，但也可能通过使产品更便宜而增加对产品的需求，进而增加对劳动力的需求（从而创造出更多的就业机会）。根据詹姆斯·贝森（James Bessen）的研究，19 世纪美国的自动化使生产一米布所需的纺织劳动力减少了 98%，但纺织工的数量实际上增加了 4 倍，因为价格降低，人们对棉布的需求增加了很多。[139]

其次是自动化带来的间接就业机会。计算机和互联网的出现

---

① 已经有新闻媒体使用人工智能写作简单的文章、编辑体育比赛的亮点。而人工智能还能做比这些更复杂的东西。一个很好的例子是 GPT-3（人工智能的名字），《一个机器人写了这整篇文章。你害怕了吗，人类？》刊载在 2020 年 9 月 8 日英国报纸《卫报》（*Guardian*）上。

可能摧毁了许多旅行社的工作（因为现在我们大多数人都自己在网上预订行程），但它也创造了旅游业的其他工作，比如经营预订网站、线上出租房屋、为小型专业旅行团提供导游服务，它们能在互联网上打广告获得足够数量的客户。最后但同样重要的是，自动化提高了生产力，从而提高了人均收入，这创造了对新商品和服务的需求，从而满足了更多样化和"更高"的需要，而这创造了新的就业机会——高等教育、娱乐、时尚、平面设计或艺术画廊。

另外，我们总是可以集体决定通过政策措施创造更多的就业机会。至少从 20 世纪 30 年代起，一个标准的做法是，在经济低迷时期，当私营部门的公司减少支出（通过削减投资或工作岗位）时，政府会增加支出，提高经济中的需求水平，刺激私营部门的公司不解雇工人，甚至雇用新工人。在新冠大流行期间，许多富裕国家的政府甚至支付了"冗余"工人很大比例的工资，以防止他们被解雇（英国政府的"强制带薪休假计划"中的这一比例高达 80%）。但政府也可以通过法规创造——而且已经创造了——就业机会。如果政府出台法规，要求在教育（学校里每名学生对应的教师人数，幼儿园里每个孩子对应的保育员人数）、医疗（医院里每个病人对应的医生或护士人数）或老人护理（养老院里每个老人对应的护理员人数）等领域有更多的工人，那么政府将在这些行业创造更多的就业机会。而且，正如我们在新冠大流行中所看到的，这些行业确实需要雇用更多的人，以提供高质量的服务（见"**辣椒**"）。

所有这些力量以不同的方向拉动就业，以不可预测的方式发挥作用，并在很长一段时间内持续发挥作用。我们不能断言某个特定领域的自动化——无论是草莓采摘、棉纺织还是新闻业——会不会减少整体的就业。但是，在250年持续的自动化过程中，大多数人都保有工作（无论工作是不是理想的，或是危险的、压迫性的），这一事实表明，到目前为止，自动化对工作的总体影响并不是消极的。

有些人可能会说，这次情况不同，因为现在机器正在取代过去无法自动化的工作中的工人。但技术进步的本质就是，在它到来之前，大多数人并不能看到它的到来。如果你在1900年告诉一位英国中上阶层的女士，她的女仆的大部分工作将在几代人之后由机器完成，她一定会嘲笑你。但后来出现了洗衣机、吸尘器、微波炉、冰箱、烹饪饭菜的机器等。如果你在1950年告诉一个日本机械师，几十年后他的大部分工作将由一台机器（车床）完成，由另一台机器（电脑）控制，那么他一定会认为你疯了。但现在计算机数字控制（CNC）机器是现代化工厂的标准配置。[①] 50年后的未来，很多人可能也很难理解为什么21世纪初有那么多人认为所谓的白领工作是不可替代的。

[①] 美国科幻作家库尔特·冯内古特（Kurt Vonnegut）在他1951年的预言小说《自动钢琴》中描绘了一个空前繁荣的世界，由于高效的数控机器，人类的体力劳动不再被需要了。然而，在这个世界上，大多数人——除了一小部分管理人员、工程师和科学家——都很悲惨，尽管他们并不缺乏物质上的舒适，也有大量的休闲时间，因为他们没有什么有用的事情可做，更重要的是，他们觉得自己对社会是多余的。

所有这些并不意味着我们可以忽视自动化对工作的影响。虽然自动化创造了其他工作，但它确实摧毁了某些工作，对那些被裁员的人的影响是毁灭性的。即使从长远来看，自动化对就业的总体影响不是负面的，但这对那些失去工作的工人来说算不上什么安慰。

从理论上讲，那些被机器取代的因技能过时而被裁员的人可以接受再培训并获得另一份工作。这是自由市场经济学家的标准假设，他们认为，人们失业只是因为不愿意接受现行的工资标准。实际上，如果没有一系列的国家支持，这些工人就很难（虽然不是完全不可能）获得重新就业所需的再培训，除非他们接受自己去做低技能的工作，比如在超市堆放货架、打扫办公室或看守建筑工地。被撤换的工人需要失业救济金和收入支持，以完成再培训。他们需要一个负担得起的再培训系统，这意味着政府要对培训机构和 / 或受训者进行补贴。他们需要有效的（而不仅仅是表面的）求职帮助，比如瑞典和芬兰等国家通过所谓的积极劳动力市场政策所提供的帮助。[140]

自动化被视为就业的"破坏者"，但它并不是，就像草莓被称为"浆果"一样，尽管它不是浆果。我们需要看到自动化的本质。它不是纯粹只会破坏就业。此外，技术并不完全决定工作岗位的数量。只要想，社会可以采取行动创造新的就业机会，通过财政政策、劳动力市场政策以及对某些行业进行监管。

只有在看到自动化的本质时，我们才能克服这种开始困扰世界的技术恐惧症（"自动化是坏的"）和年轻一代的无望感（"我们将不被需要"）。

巧克力

费尔南达的布朗尼蛋糕

我的一位挪威朋友费尔南达·莱纳特（Fernanda Reinert）的菜谱

这是一块你所见过的最黏稠的巧克力蛋糕，原料包括糖、面粉、鸡蛋、

发酵粉和大量可可粉

我有件事要坦白。我是个"瘾君子"。

这要从 20 世纪 60 年代中期我还是个学步幼童（是的，我很早熟）的时候说起。我第一次就对这个"非法物质"上瘾了，它是从美国军事基地走私出来的，在我童年时代，这种东西在韩国黑市上出售。

它被称为 M&M 豆。

M&M 豆的黑市？我可不是随便瞎编的。

在当时的韩国，除了国家工业化直接需要的机器和原材料外，禁止进口其他外国商品，乘用车、电视、饼干、巧克力，甚至香蕉，

都是禁止进口的。从国外走私汽车和电视这样的东西非常困难，但一些有野心的韩国人从当时遍布全国的美国军事基地（现在韩国仍然有一些美国军事基地）大规模走私小商品。他们将罐头（我记得都乐水果鸡尾酒和世棒午餐肉特别受欢迎）、果汁粉（果珍是个好东西！）、饼干、口香糖和巧克力卖给流动的小贩，再由小贩卖给稍微宽裕的中产家庭。

巧克力，如 M&M 豆和好时牛奶巧克力棒，是最受欢迎的产品之一。直到 1967 年，韩国才开始生产巧克力，而且直到 1975 年，我们才真正有了 Gana 巧克力棒，它是由乐天糖果公司专门用从加纳进口的可可豆制作的，至今仍然是韩国历史最悠久的巧克力品牌。

从我的 M&M 豆时代开始，我花了近 60 年的时间不断地与（通常是屈服于）自己的欲望做斗争，想消费一切与可可豆有关的东西。

在高端市场，有来自高端巧克力制造商的巧克力棒、松露、佛罗伦萨巧克力饼干和其他美妙的甜点，比如（按字母顺序排列，以便不显示任何偏私）英国的巧克力酒店（Hotel Chocolat）、瑞士的瑞士莲（Lindt & Sprüngli）、比利时的皮埃尔·马克里尼（Pierre Marcolini）、厄瓜多尔的可可共和国（República del Cacao）和法国的法芙娜（Valrhona）。我不是一个巧克力鉴赏家，不会把巧克力中可可豆的单一产地看得很重，也不会对这些巧克力制造商经常强调的委内瑞拉和乌拉圭、特立尼达的可可豆之间的味道差异大惊小怪，但我无法抗拒它们勾勒出的强烈而复杂的味道和香气。

然而，喜欢那些非常精致的巧克力产品，并不意味着我是一个势利眼。我接受各种各样的巧克力。

　　我经常吃普通的、实在的巧克力棒，如吉百利的牛奶巧克力棒或 Gana 巧克力棒，而不是 70% 可可的巧克力棒或一盒来自某个奢侈的巧克力制造商的异国松露巧克力。我的许多同好，特别是欧洲的同好，对好时巧克力棒相当粗暴地不屑一顾，认为它的巧克力含量不够。根据 BBC 的报道，它只含有 11% 的巧克力，还不到一个巧克力含量少到不敢自称"巧克力"的巧克力棒，也就是吉百利的牛奶巧克力[①]的一半 —— 吉百利的牛奶巧克力的巧克力含量为 23%。[141] 然而，我仍然对好时的巧克力情有独钟，因为它尝起来像是我吃 M&M 豆时吃到的味道。而且，对我来说，巧克力就是巧克力，不管它是 70%、23%，还是 11%。

　　如果要在巧克力中添加辅料，我会投票给花生，想想花生 M&M 豆、各种锐滋产品和我最喜欢的士力架。我也很喜欢吃包裹了巧克力的整颗杏仁，喜欢掰开三角巧克力（Toblerone）的尖尖和小坚果碎片，或者享受费列罗巧克力球的神圣榛子三位一体（中心是一整个烤榛子，加上榛子碎片和榛子巧克力）。对于在巧克力中添加水果的做法，我的感情很复杂，但我偏爱橙子和巧克力的组合：特里巧克力橙、黑巧克力蜜橙片，甚至佳发蛋糕，把它们带上吧。

　　将面粉（含油脂，特别是黄油和糖）和巧克力混合，你就会创造一个全新的世界。巧克力布朗尼蛋糕、巧克力软糖蛋糕、巧

---

① 　吉百利的牛奶巧克力英文为 Cadbury Dairy Milk，名称不包含巧克力（chocolate）。——译者注

克力黑啤蛋糕、"熔岩"巧克力蛋糕、黑森林蛋糕等。还可以做成各种饼干和曲奇！我喜欢巧克力饼干棒，如奇巧（Kit Kat）和特趣（Twix），但巧克力消化饼干绝对是我的最爱。还有所有那些我吃不够的巧克力饼干，马丽兰（Maryland）、培珀莉农场（Pepperidge Farm）、超市的自有品牌和私家烘焙。

最后但同样重要的是，还有一些巧克力并没有做成糖果。我还是个孩子的时候喜欢喝巧克力（当时在韩国称之为 kokoa），尽管现在我已经很少喝它，已经转向喝茶和咖啡了。我一般不怎么喜欢吃冰激凌，但如果里面有巧克力，我就会吃。我有时会在早餐麦片、酸奶或冰激凌上撒上可可果仁。最近，一位朋友教我在做辣椒炒肉时加入几块黑巧克力，效果非常好。去墨西哥时，我经常在吃鸡肉时蘸波布兰诺莫利酱（mole poblano），这是一种用巧克力和辣椒制成的酱汁。

还有各种各样的巧克力食物，你肯定已经明白我的意思。

巧克力是由可可树的种子制成的。它起源于中美洲，尽管现在它的主要生产者实际上在该地区之外，科特迪瓦、加纳和印度尼西亚是最大的三个生产国。虽然争议很多，但人们大多认为可可树最早是在现在的厄瓜多尔和秘鲁被驯化的。居住在现在属于墨西哥的这片土地上的古老民族，奥尔梅克人、玛雅人和阿兹特克人对可可豆非常狂热。阿兹特克人对可可"豆"（当然不是豆，而是可可果实的种子，或可可豆荚）超级热衷，将巧克力与玉米泥混合，并加入辣椒、五香粉和香草，制成一种冷饮。由于可可树无法在阿兹特克人居住的高原地区生长，可可豆特别受到他们的重视。据说玛雅人和阿兹特克人将可可豆作为一种货币来使用。

16 世纪，西班牙人在征服阿兹特克帝国后将巧克力从墨西哥带回国内，这也就是为什么目前这种物质的名称源自阿兹特克语"xocolātl"。

巧克力第一次被带到欧洲时，是作为一种饮料，按照阿兹特克人的原始方式饮用。不过，那时在墨西哥的西班牙人已经把辣椒拿掉了，并在阿兹特克人的原始配方中加入了糖或蜂蜜。从 17 世纪开始，（饮用）巧克力开始在欧洲迅速传开。

直到 1847 年巧克力才被制成固体。布里斯托尔的弗莱公司是当时英国贵格会糖果商的三巨头之一（其他两家是伯明翰的吉百利公司和约克的罗恩特里公司），发明了第一款大规模生产的巧克力棒。

尽管将巧克力饮料与牛奶混合的做法已经存在了几个世纪，但最初的巧克力棒是由黑巧克力，而不是牛奶巧克力制成的。这并不是因为黑巧克力比牛奶巧克力更受欢迎，而是因为早先在巧克力棒中添加牛奶的所有尝试都失败了，因为由此产生的过量液体会导致霉菌的产生。

这个问题在 1875 年被两个瑞士人解决了。巧克力制造商丹尼尔·彼得（Daniel Peter）生产出了第一批牛奶巧克力棒，他抛弃了鲜奶，转而使用牛奶加工食品技术的奇才亨利·内斯特（Henri Nestlé）发明的奶粉。两人后来与他人联手创办了食品巨头雀巢公司。1879 年，另一家瑞士公司瑞士莲发明了"精炼"工艺，实现了巧克力制作的下一个飞跃，通过机器长时间地混合原料，改善了巧克力的质地和味道。瑞士也成为高品质巧克力的代名词。

许多人认为，瑞士只生产巧克力——除了只有寡头、银行家和体育明星才买得起的可笑的昂贵手表。人们普遍认为，瑞士是一个依靠服务业的国家，而不是制造业。

一些负面的看法认为，瑞士靠处理第三世界独裁者存放在其秘密银行中的黑钱以及向毫无戒心的美国和日本游客出售布谷鸟钟和牛铃等纪念品（这些东西现在可能都是中国制造的）而谋生。而积极的也是更普遍的看法认为，瑞士是后工业时代经济的典范，其繁荣是基于服务业，如金融和高端旅游，而不是制造业。

后工业时代的论述，起源于 20 世纪 70 年代，来自一个简单而有力的理念，即当人们变得更加富有，他们会越来越想要更精细的东西。一旦人们填饱肚子，农业就会衰落。当他们满足了其他更基本的需求，如衣服和家具，他们就会转向更复杂的消费品，如电子产品和汽车。当大多数人拥有这些东西时，消费需求就会转向服务，外出就餐、剧院、旅游、金融服务等。从此工业开始衰退，服务业成为主导的经济部门，开启了人类经济进步的后工业时代。

这种后工业时代的观点在 20 世纪 90 年代得到了重视，当时几乎所有的富裕经济体都出现了制造业的重要性下降、服务业的重要性上升的现象——无论是在产出还是就业方面。这一过程被称为"去工业化"。后工业社会的支持者认为，制造业已经成为低技术、低工资国家所做的事情，而高端服务，如金融、IT 服务和商业咨询，才是未来，特别是对富裕国家而言。

在这一论述中，瑞士有时与新加坡一起，被吹捧为国家可以通过专门从事服务业来维持非常高的生活水平的证明。在这一论点的影响下，在瑞士和新加坡的例子的启发下，一些发展中国家，如印度和卢旺达，甚至一直试图或多或少地跳过工业化，通过成为高端服务业的专业出口国发展经济。

然而，恰恰相反，瑞士实际上是世界上工业化程度最高的经济体，人均制造业产出量最大。[142] 我们觉得"瑞士制造"的产品少，部分是因为这个国家很小（只有大约 900 万人口），还因为它专门生产经济学家所说的"生产者商品"——机器、精密设备和工业化学品，像你我这样的普通消费者是看不到的。有趣的是，另一个所谓的后工业成功案例新加坡是世界上第二大工业化经济体。用瑞士和新加坡作为后工业化服务经济的典范，就像——我该怎么说呢——用挪威和芬兰宣传海滩度假。

后工业化的倡导者从根本上误解了最新的经济变化的本质。推动去工业化的，主要是生产力的变化，而不是需求的变化。

在就业方面，这一点比较容易看出来。因为制造过程已经变得越来越机械化，我们不需要相同数量的工人生产相同数量的制造业产出（见"**草莓**"）。在机器甚至工业机器人的帮助下，今天的工人可以生产出数倍于他们父母辈的产量。半个世纪前，富裕国家的制造业雇用了大约 40% 的劳动力，但今天相同有时甚至更多的产出仅由 10%～20% 的劳动力生产。

　　产出的变化情况要复杂一些。诚然，这些国家的制造业在国民经济中的重要性下降了，而服务业的重要性上升了。然而，这不是因为后工业化叙事的支持者所认为的那样，人们对服务的需求绝对多于对制成品的需求，主要是因为服务变得相对更昂贵——制造业的生产力增长比服务业快。试想一下，与理发或外出就餐相比，电脑和移动电话在过去几十年中是如何变得如此便宜的。如果我们考虑这种相对价格变化的影响，在过去几十年里，大多数富裕国家的制造业在国民产出中的份额只略有下降（英国是个例外），在一些国家（如瑞士、瑞典和芬兰）甚至有所增加。[143]

　　与后工业主义的神话相反，生产有竞争力的制成品的能力仍然是决定一个国家生活水平的最重要因素（见"**凤尾鱼**"）。

　　许多被认为将取代制造业的高生产率服务，如金融、运输和商业服务（管理咨询、工程、设计），在没有制造业的情况下是无法存在的，因为制造业是它们的主要客户。这些服务看起来很"新"，只是因为它们过去是由制造业企业内部提供的（因此被算作制造部门的产出），但现在由专门从事这些服务的公司提供（因此被算作服务部门的产出）。[①] 这就是为什么拥有强大的制造业的国家，如瑞士和新加坡，也拥有强大的服务业（尽管不一定会出现相反的情况）。

　　此外，制造业仍然是技术创新的主要来源。即使在制造业只占经济产出 10% 左右的美国和英国，也有 60%～70% 的研究与开发是

---

① 有些人甚至认为，由于这个原因，这些服务应该被归为制造活动，而不是服务。感谢乔斯坦·豪格（Jostein Hauge）向我强调了这一点。

由制造业部门进行的。在德国或韩国等更强调以制造业为导向的经济体中，这一数字为 80%～90%。

我们现在生活在一个后工业经济时代的信念对美国和英国的危害尤其大。自 20 世纪 80 年代以来，这两个国家，尤其是英国，一直忽视制造业，认为它的衰退是一个积极的信号，表明国家经济正在从工业经济向后工业经济过渡。这给政策制定者提供了一个方便的借口，让他们不对制造业的衰退采取任何行动。

相反，在过去的几十年里，英国和美国的经济是由金融业的过度发展所推动的，最终在 2008 年全球金融危机中轰然倒塌。从那时起，所谓的微弱复苏（经济学家一直在谈论"长期萧条"）也不过是基于另一个金融（和房地产）泡沫，即创造历史的低利率和中央银行主导的所谓"量化宽松"政策。①

新冠大流行显示，美国和英国现在的金融市场与实体经济毫无关系。在大流行期间，这些国家的股票市场已经上升到了历史新高，而实体经济却陷入了困境，普通人要面对失业和收入减少，用美国人的话说，华尔街和缅因街毫无瓜葛。②

即使你买过的唯一的"瑞士制造"是巧克力（除非你住在瑞士，否则极有可能），也不要被它迷惑。瑞士成功的秘诀是拥有世界上最强大的制造业，而不是我们通常认为的银行业和高端旅游业。事实

---

① 在英国，自 1644 年英格兰银行成立以来，利率从未降低过。
② 缅因街（Main Street）既可以指主要商业街道，也可以指美国中产阶级。——译者注

上，即使是瑞士在巧克力领域的声誉也源于其制造业的独创性（奶粉的发明、牛奶巧克力的创新和精炼技术的开发）。这些都不是因为瑞士服务行业，比如说银行能够为巧克力棒的购买者提出复杂的分期付款计划，或者广告公司能够为巧克力策划一个漂亮的营销活动。

在后工业社会的叙事中，瑞士一直是个用错了的榜样，往好了说是误导，往坏了说是在伤害实体经济。如果我们相信后工业时代的叙事，就要承担风险。

结论　经济学如何食用？

我知道，这本书很奇怪。

我已经谈论了几十种食物，其中有一些你们许多人从未想过要去吃，如橡果、蚕蛹、蚱蜢和（取决于你是谁）大蒜、辣椒。我已经讨论了它们的生物特性和谱系，地理起源和传播，它们背后的经济和社会历史，它们的政治象征意义，以及我个人与它们的关系（有时对它们上瘾）。我描述了它们的许多烹调方式——油炸、炖煮、火烤、烟熏、烘烤和水煮，当然也可以不烹调——生吃、盐渍、腌制或发酵。我还描述并比较了不同的烹饪传统，以及它们的普遍要求、特质和融合。

在讨论食物的时候，我们穿越了不同的地域和时代。在"橡果"一章中，我们从当代韩国的山峰，穿过西班牙宗教裁判所的小巷，来到 11 世纪的巴格达看科学家的研究，然后到 20 世纪初的日本工厂，最后回到今天韩国的银行。在"秋葵"一章中，旅程把我们带到了航行在大西洋的奴隶船上，触及了法属圣多明戈（今天的海地）以奴隶为基础的糖业种植园，遇到了在美洲大草原上定居的农民，目睹了美洲原住民受到的暴力迫害，并在皮诺切特将军的军事独裁统治下畏缩在圣地亚哥的街头。

这些食物之旅有时会通向一些可预测的经济话题。我们不难理解从谈论凤尾鱼到谈论依赖初级商品的危险，或从谈论草莓到谈论自动化对工作的影响。但很多时候，我们谈论经济话题的路线坦率地说很奇怪。[①] 我想只有我的怪异思维才能从一个咬人的足球运动员开始谈起，却说起了世界贸易组织，或者开始谈论坏血病，最后莫名其妙地讨论气候变化的经济学问题。

这是一次"兔子洞之旅"，希望你通过这趟旅途形成了自己的想法，知道今后如何更好地"吃"经济。谈到食物，我们都会有自己的办法采购食材（通常是在预算有限的情况下），组合和烹饪它们，并创出新菜式（无论是调整你母亲的食谱还是改编你在 Instagram 上看到的一些菜肴）。经济学也应该是这样。不必让其他人告诉你如何学习经济学、如何批判性地反思和使用经济学。每个人都完全有能力自己去摸索。

不过，作为一个研究了 40 年经济学的人，我想我可以提供一些饮食建议。

第一，多样化饮食很重要。在这本书中，我试图介绍经济学的不同观点。通常情况下，不同经济学观点对同一件事有不同的看法，比如在"鸡肉"一章中对于不平等的不同看法。有些时候，某一种

---

① 而且我承认，我是按照自己的特殊意识流来写的，尽管我愿意认为这并不损害文章体裁，在这方面艾伦·贝内特（Alan Bennett）和 W. G. 塞巴尔德（W. G. Sebald）是大师。

观点可以让你看到其他观点视而不见的东西，比如，在"辣椒"一章中强调的女性主义关于护理工作的观点。还有些时候，不同的观点是相互补充的，比如"香蕉"一章中讨论的对跨国公司的正面和负面看法。了解经济学中的不同观点，就像吃各种不同的食物和不同类型的菜肴一样，不仅能使你的经济饮食更加丰富，而且更加平衡、健康。

第二，你应该对尝试新事物持开放态度。我已经克服了自己的成见，即胡萝卜纯粹是咸味菜肴的配料，并开始喜欢胡萝卜蛋糕。即使你只知道西红柿是一种咸味配料——在意大利面酱中、在沙拉中、在炖菜中——你也应该至少尝试一次把它作为一种"水果"（毕竟它确实是一种水果）来吃，比如蘸着糖吃（见"**胡萝卜**"）。真的，如果曾经是世界上对食物最保守的英国人都能够成为世界上最开明的吃货之一（见"**大蒜**"），那么你也可以在经济学方面做到这一点。即使只是为了更好地了解你喜爱的经济学理论，充分理解它们的优势和劣势，你也应该学习其他经济理论。

第三，就像我们许多人对待食物一样，你应该检查你用来"烹饪"的"原料"来自哪里。尽管大多数专业经济学家希望世界上的其他人相信他们从事的是一门科学，就像物理学或化学一样基于无可争辩的假设和客观事实，但经济分析往往基于迷思、技术上正确但表述上有误的"事实"以及值得怀疑甚至大错特错的假设。如果经济学分析基于这种低质量的材料，烹饪出来的经济学"菜肴"往好了说是缺乏营养，往坏了说则是有害无益。

关于经济学的迷思的最佳例子，是经济学扭曲了历史，告诉我们英国和美国之所以成为世界经济霸主，是因为它们的自由贸易、自由市场政策，而它们实际上是最积极地利用保护主义发展本国工业的国家（见"**大虾或小虾米**"和"**牛肉**"）。技术上正确但表述上有误的"事实"的一个例子是将无偿护理工作排除在 GDP 之外，表明如果只抓住了现实的一部分或以偏见的方式抓住了现实，那么即使是产出统计这样的"事实"也会得出误导性的结论（见"**辣椒**"）。最后，值得怀疑甚至大错特错的假设的一个很好的例子是，人们普遍认为穷国之所以穷是因为它们的人民不努力工作，这让我们不去分析和改革那些使人贫穷的结构性因素（见"**椰子**"）。

因此，你需要勤于"**核对事实**"，更重要的是，找出"事实"是在什么理论基础上产生的。如果你在经济分析中使用虚假和对现实有偏见的表述，无论你的经济理论有多好，都不可能得到好的结果。正如美国人所说的，废料进，废品出。

第四，你应该发挥你的想象力。最好的厨师（不只是名厨）是拥有丰富想象力的人。他们是能够认识到必须抛弃一些"神圣"的食材以改善一道菜或重新创制一道名菜的人。这些厨师把被遗忘的食材又找回来，并重新利用知名的食材。他们不会被某些食品热潮所动摇，尽管他们明白为什么会有这种热潮，以及应该从中学习什么。好的厨师，最重要的是要具有想象力，敢于挑战烹饪惯例，结合不同的烹饪传统。

同样，好的经济学家，我指的不仅是学术上的经济学家，还有政策制定者、社会活动家和有识公民，都能在经济上进行"有想象力"的烹饪。他们是能够抛弃"神圣"的食材（比如**"秋葵"**和**"牛肉"**中提到的经济"自由"），重新利用现有"食材"（想想**"黑麦"**中社会民主党人对"反社会主义"的福利国家做了什么），以及找回被遗忘"食材"（正如**"胡萝卜"**中我们如何改进对发明的奖励制度）。他们是不被潮流动摇的人，同时能够理解潮流存在的原因，还可以从中获取新知（比如**"草莓"**和**"巧克力"**中关于没有工作的未来或后工业知识经济的想法）。此外，最好的经济学家应该像最好的厨师一样，能够把不同的理论结合起来，从而形成一个更平衡的观点。他们既了解市场的力量和局限性（见**"青柠"**和**"可口可乐"**等），又知道在国家的支持和适当监管下企业家能取得最大的成功（见**"面条"**和**"香料"**）。他们愿意把个人主义理论和社会主义（或更笼统地称为集体主义）理论结合起来，并以人类能力理论增强它们，以便对不平等（见**"鸡肉"**）、护理工作（见**"辣椒"**）和福利国家（见**"黑麦"**）等问题提出更全面的看法。

我们都必须找到自己的方式理解（和改变）我们的经济，以及随之而来的我们所生活和共享的世界，就像我们都必须找出自己的方式吃得更好一样——为了我们个人的健康和钱包，为了生产食物的人，为了吃得不够和/或吃得没有营养的人，以及最终为了地球。

致　谢

　　本书的写作是一个漫长而曲折的过程。早在 2006 年我写完第一本非学术书《富国的伪善》(*Bad Samaritans*) 后不久，就有了用食物故事来谈论经济学的想法。这看起来能够吸引那些通常不思考经济学的读者，也给了我一个借口，可以同时谈论我最大的两个爱好——经济学和食物。我不记得具体时间了，但在 2007 年的某个时候，我勾勒出了这本书的想法，并写了两个样章——"橡果"和"凤尾鱼"。

　　然而，这个计划不断被别的事打断。2008 年全球金融危机的爆发促使我写了一本更直接涉及当前经济问题的书，这就是 2010 年出版的《资本主义的真相》(*23 Things They Don't Tell You About Capitalism*)。在那本书出版之后，我准备重新开始写"食物书"，正如我一直所说的那样，后来我收到了一个"无法拒绝的提议"——为企鹅出版社重新推出的"鹈鹕"平装书系列写作第一本书。

　　这本书在 2014 年以《每个人的经济学》(*Economics: The User's Guide*) 为名出版，此后我急欲推进"食物书"。2014 年，《金融时报周末杂志》(*The Financial Times Weekend Magazine*) 的团队同意

我以"对食物的思考"系列标题刊登我的几篇关于食物和经济学的文章，每篇文章只给我 700 字的版面。这也给了我机会，让我写出更短、更精练的文章，比如精华版的"橡果"和"凤尾鱼"，还有一些文章最终成为本书一些章节的种子，如"胡萝卜""鸡肉""大虾或小虾米""可口可乐""巧克力"和"香料"。我要感谢杂志的编辑卡罗琳·丹尼尔（Caroline Daniel）和她的同事伊莎贝尔·伯维克（Isabel Berwick）、苏·马蒂亚斯（Sue Matthias）和娜塔莉·惠特尔（Natalie Whittle）对我文章的支持和反馈。

即使有了这个合适的跳板，我还是没能出版"食物书"，因为不久之后我就忙于其他事情，特别是我在大学里担任的行政职务。到了 2020 年，距我产生这本书的想法已经过去了十多年，它看起来似乎就是那些作家总是谈论要写但从未写过的书之一。

我不能让这种事发生，最终在 2020 年咬紧牙关，开始与我的作品经纪人和朋友伊万·麦卡伊（Ivan Mulcahy）共同努力，将这本书写出来。从 2007 年开始，伊万就一直与我讨论这本书的想法，而从我开始认真写书，他就一直推着我为这本书构建一个清晰的概念框架，如果没有这个框架，这本书很容易一团糟。"大蒜"这一章就是在这一过程中诞生的，从那时起，这本书就真正形成了。我感谢伊万说服我更清晰地构思这本书，也感谢他帮助我提高写作水平，改善论述的质量。

如果一本书有很长的酝酿期，就像这本书一样，它最终会为一些亲密的朋友创造那种"昨日重现"的经历——大家在十多年里反复谈论同一本书。这群倒霉朋友包括乔纳森·阿尔德雷德（Jonathan Aldred）、阿迪雅·查克拉博蒂（Aditya Chakrabortty）、克里斯·克拉默（Chris Cramer）、乔纳森·迪·约翰（Jonathan Di John）、菲利克斯·马丁（Felix Martin）和迪帕克·纳亚尔（Deepak Nayyar）。多年来，他们不仅耐心地倾听了我对这本书的思考和絮叨，而且还以各种形式阅读了几章并给予我至关重要的反馈。我必须提一下邓肯·格林，从这本书还只是两页的草图和几个非常粗略的章节草稿开始，他就与我讨论这本书。多年来，他阅读了不同章节的许多版本，甚至慷慨地同意在其中一章中作为主角出现。

开始写作后，我得到了编辑们的巨大帮助，企鹅兰登书屋的劳拉·斯蒂克尼（Laura Stickney，她也是《每个人的经济学》的编辑）和公共事务（Public Affairs）出版社的克莱夫·普里德尔（Clive Priddle）不仅在具体问题和编辑问题上给了我很多重要的意见，而且帮助我以一种比我最初设想更令人兴奋和创新的方式呈现了这本书。

在写作的过程中，来自朋友的信息也令我受益匪浅。鲍勃·罗索恩（Bob Rowthorn）指导了我的博士论文，使我成为一名经济学家，他阅读了整本书的原稿，并给我提出了有益和鼓舞人心的意见。费德里科·本宁霍夫（Federico Benninghoff）和海伦娜·佩雷兹·尼诺（Helena Perez Niño）阅读了所有的章节，并分享了他们的博学和经济逻辑，帮助我丰富了论据。佩德罗·门德斯·洛雷罗阅读了几乎所有的章节，并强化了相应论点。乔斯坦·豪格和若昂·席尔瓦（João Silva）也对所有的章节提出了非常有用的意见。马特乌斯·拉布鲁尼

（Mateus Labrunie）和安迪·罗宾逊（Andy Robinson）阅读了许多章节，并在经济学和食品方面给予我有益的评论。

巴蒂斯特·阿尔贝托内（Baptiste Albertone）、法迪·阿姆（Fadi Amer）、安东尼奥·安德烈奥尼（Antonio Andreoni）、陈吉米（Jimmy Chan）、张浩硕（Hasok Chang）、瑞达·谢里夫（Reda Cherif）、西尔瓦娜·达保拉（Silvana Da Paula）、加里·戴姆斯基（Gary Dymski）、特里·弗莱（Terry Fry）、福阿德·哈萨诺夫（Fuad Hasanov）、艾米·克拉茨金（Amy Klatzkin）、约翰·兰切斯特（John Lanchester）、阿米尔·莱布迪奥伊（Amir Lebdioui）、李贞恩（Jungeun Lee）、康纳·穆森（Connor Muesen）、戴维·皮林（David Pilling）、尼古拉斯·庞斯-维尼翁（Nicolas Pons-Vignon）、詹姆斯·普策尔（James Putzel ）和塞巴斯蒂安·托雷斯（Sebastián Torres）阅读了各章节并给我提出了非常有用的意见。

多年来，有几位年轻人为本书做了背景研究，如果没有这些研究，本书无论在经济方面还是在食物故事方面都会逊色很多。我要特别感谢玛丽特·安德森（Marit Andreassen）和安娜·里默（Anna Rimmer）的出色工作。我还要感谢巴蒂斯特·阿尔贝托内（Baptiste Albertone）、张金圭（Jin-Gyu Chang）、马特乌斯·拉布鲁尼（Mateus Labrunie）和尼克·泰斯塔（Nick Testa），感谢他们高效而明智的助理研究。

我们的饮食经验最主要是由我们的家庭塑造的。我要感谢我的父母教我什么是好的食物以及好的食物对我们的福祉和社会纽带有多重要。我的母亲做了无数可口的饭菜，而我的父亲则带着我和我的兄弟姐妹，以及后来我的妻子和孩子们，品尝了许多美味的餐馆。我要感谢我的岳母把我带入她的饮食世界，它与我母亲的饮食世界非常不同。她来自韩国西南部的全罗道，那里的食物以多样和复杂著称，而我母亲来自韩国北方，那里的食物更朴实、更实在。我的岳父在我写作这本书的早期就去世了，这是我生命中最悲伤的事情，他是一位美食鉴赏家，他慷慨地与我、我的妻子和孩子们分享了许多出色的餐饮经验。

我的妻子熙珍和女儿尤娜、儿子金圭，在过去的15年里断断续续参与了这本书。他们和我一起购买、烹饪、品尝和谈论书中提到的许多食物和菜肴。在这个过程中，他们有时在不知不觉中启发我想到和完善书中的食物故事。多年来，他们一直是第一个听到我在各种领域——经济、历史、环境和科学——的许多想法的人，也是我的老师。他们阅读了所有的章节，并给我提出了非常有益的反馈意见。特别是熙珍，她在我写作的过程中阅读并与我讨论了所有章节的多个版本，同时帮助我度过了写作过程中的困难阶段。我特别感谢她推动我写"辣椒"这一章，我一直知道这个主题的重要性，但却觉得自己没有资格写这个主题。做这个主题的研究和写这一章让我学到了很多东西。我把这本书献给他们，熙珍、尤娜和金圭。

张夏准

2022 年 3 月

参考文献

1. 这些数据来自韩国农业、食品和农村事务部。

2. http://library.mafra.go.kr/skyblueimage/27470.pdf, p. 347.

3. ISMEA（Institute of Services for the Agricultural Food Market）, Il Mercato dell'aglio, p. 9, http://www.ismeamercati.it/flex/cm/pages/ServeBLOB.php/L/IT/IDPagina/3977.

4. FranceAgriMer, the National Institute of Agricultural Products and Sea Products, https://rnm.franceagrimer.fr/bilan_campagne?ail.

5. 其他西班牙猪就没那么幸运了。如今，西班牙的大多数猪都挤在工业化农场，吃着加工过的大豆。见 https://www.lavanguardia.com/internacional/20201224/6143002/navidad-soja-pavo-embutido-procedencia-amazonia.html。I thank Andy Robinson for drawing my attention to this.

6. D. Gade, "Hogs（Pigs）", in K. Kiple and K. Ornelas（eds.）, *The Cambridge World History of Food*（Cambridge: Cambridge University Press, 2000）, pp. 539–540.

7. C. Roden, *The Book of Jewish Food – An Odyssey from Samarkand*

and Vilna to the Present Day（London: Penguin Books, 1996），pp. 190–191.

8. 引用自《日本时报》（*Japan Times*），1915 年 8 月 18 日。

9. B. Webb, *The Diary of Beatrice Webb: The Power to Alter Things*, vol. 3, edited by N. MacKenzie and J. MacKenzie（London: Virago/LSE, 1984），p. 160.

10. S. Webb and B. Webb, *The Letters of Sidney and Beatrice Webb*, edited by N. MacKenzie and J. MacKenzie（Cambridge: Cambridge University Press, 1978），p. 375.

11. 韩国的识字率数据来自 N. McGinn et al., *Education and Development in Korea*（Cambridge, Mass.: Harvard University Press, 1980），table 17。泰国、菲律宾和马来西亚的识字率数据来自世界教科文组织的统计年鉴。

12. https://data.oecd.org/hha/household-savings.htm.

13. 关于秋葵起源的讨论可参见 C. Smith, *The Whole Okra – A Seed to Stem Celebration*（White River Junction, Vermont: Chelsea Green Publishing, 2019），ch. 1.

14. J. Carney and R. Rosomoff, *In the Shadow of Slavery – Africa's Botanical Legacy in the Atlantic World*（Berkeley: University of California Press, 2009）.

15. R. Lipsey, "U.S. Foreign Trade and the Balance of Payments, 1800–1913", Working Paper no. 4710, NBER（National Bureau of

Economic Research），Cambridge, Mass., 1994, p. 22, table 10.

16. M. Desmond, "In Order to Understand the Brutality of American Capitalism, You Have to Start on the Plantation", *New York Times*, 14 August, 2019, https://www.nytimes.com/interactive/2019/08/14/magazine/slavery-capitalism.html. 我的巴西经济学家朋友佩德罗·门德斯·洛雷罗告诉我，同样的情况也发生在巴西，当时的另一个主要奴隶制经济体。

17. K. G. Muhammad, "The Sugar That Saturates the American Diet Has a Barbaric History as the 'White Gold' That Fueled Slavery", *New York Times*, 14 August, 2019, https://www.nytimes.com/interactive/2019/08/14/magazine/sugar-slave-trade-slavery.html.

18. 棕榈心被称为百万富翁的沙拉，因为只有非常富有的人才能买得起一整株棕榈，并把叶柄切掉，食用露出的大芽。参见 H. Harries, "Coconut", in Kiple and Ornelas（eds.）, *The Cambridge World History of Food*, p. 389。

19. 关于炸鱼薯条店使用椰子油的情况可以参见同上书籍第 390 页，关于炸鱼薯条的有关起源可以参见 D. Jurafsky, *The Language of Food*（New York: W. W. Norton & Company, 2014）, ch. 3, "From Sikbāj to Fish and Chips"。

20. 有时也被扩展为具有椰子和鱼两种商品的经济，至少鱼这部分说对了。"鲁滨逊经济模型"参见 https://en.wikipedia.org/wiki/Robinson_Crusoe_economy。

21. 各国数据可以参见世界银行网站, https://data.worldbank.org/indicator/SL.TLF.ACTI.ZS。

22. 埃塞俄比亚 49%，布基纳法索 42%，贝宁 41%，喀麦隆、乍得和塞拉利昂 39%。参见 https://data.unicef.org/topic/child-protection/child-labour/。

23. 2017 年，柬埔寨的人均年工作时间是 2455 小时，孟加拉国是 2232 小时，南非是 2209 小时，印度尼西亚是 2024 小时。同年，德国为 1354 小时，丹麦为 1400 小时，法国为 1514 小时，日本为 1738 小时，美国为 1757 小时。参见 https://ourworldindata.org/working-hours。

24. 参见 H.-J. Chang, *23 Things They Don't Tell You about Capitalism* （London: Penguin Press, 2010），Thing 3: "Most people in rich countries paid more than they should be"。

25. S. Collier and W. Sater, *A History of Chile, 1808–2002*, 2nd edition （Cambridge: Cambridge University Press, 2004）.

26. A. Doyle, "Mangroves Under Threat from Shrimp Farms: U.N.", Reuters.com, 14 November 2012, https://www.reuters.com/article/us-mangroves/mangroves-under-threat-from-shrimp-farms-u-n-idUSBRE8AD1EG20121114.

27. S. Hussain and R. Badola, "Valuing Mangrove Benefits", *Wetlands Ecology and Management*, 2010, vol. 18, pp. 321–331.

28. Z. Wood, "Insects Tipped to Rival Sushi as Fashionable Food of the

Future", *Guardian*, 25 June, 2019, https://www.theguardian.com/business/2019/jun/25/insects-tipped-rival-sushi-fashionable-food-of-future. 猪肉相应的数字是 1.1 公斤和 5 公斤，鸡肉的温室气体数字不详，但 1 公斤的活鸡需要 2.5 公斤饲料。

29. 同上。昆虫每生产 1 克蛋白质需要占用 23 升水和 18 平方米的土地，而牛肉则需要占用 112 升水和 254 平方米的土地。对于猪肉，相应的数字是 57 升和 63 平方米，鸡肉的数字是 34 升和 51 平方米。

30. 同上。

31. 然而，杰斐逊最终还是接受了汉密尔顿的观点，尽管那时汉密尔顿早已去世 [他在 1804 年与亚伦·伯尔（Aaron Burr）的手枪决斗中丧生，后者当时在杰斐逊手下担任副总统]。在 1816 年给本杰明·奥斯汀（Benjamin Austin）的信中，杰斐逊说："你告诉我，我的话被那些希望我们继续依赖英国制造业的人引用了。曾经有一段时间，我可能会更坦然地面对这种被引用，但 30 年来，情况发生了很大的变化！ …… 经验告诉我，现在制造业对我们的独立和舒适同样必要：如果那些引用我的不同意见的人能够跟上我的步伐，不去考虑价格差异，只要是能在国内生产同样的织物，就不从外国进口，那么即使我们不能很快在国内实现需求与供给相匹配、夺回这件令我们痛苦的武器，这也不是我们的错。"参见 https://founders.archives.gov/documents/Jefferson/03-09-02-0213#X50DC34AA-636D-4AC2-9AA0-91032A2AA417。

32. https://instantnoodles.org/en/noodles/report.html.

33. 据 *Hankook Kyungje Shinmoon*（Korean Economic Daily），https://www.hankyung.com/news/article/2013041875301（in Korean）。鉴于该国有 5100 万人口，这相当于每人每年吃 11 份黑豆酱拌面。再加上方便面的消费，算下来每人每年约有 90 份碱性面。

34. 据乔治亚罗本人在 1991 年的采访。参见 https://jalopnik.com/this-pasta-was-designed-by-the-man-who-designed-the-del-5594815。

35. https://bravearchitecture.com/praxis/giorgetto-giugiaros-inventive-marille-pasta/.

36. https://jalopnik.com/this-pasta-was-designed-by-the-man-who-designed-the-del-5594815.

37. http://www.autotribune.co.kr/news/articleView.html?idxno=2505（in Korean）; and https://oldcar-korea.tistory.com/61（in Korean）.

38. 1976 年，现代汽车的产量刚刚超过 10000 辆。这一年通用汽车生产了 478 万辆汽车，涉及 5 个主要品牌，按汽车生产数量降序排列为雪佛兰（每年生产约 210 万辆汽车）、庞蒂克、别克、奥兹莫比尔和凯迪拉克。福特在 1976 年生产了 186 万辆汽车。参见 https://en.wikipedia.org/wiki/U.S._Automobile_Production_Figures。

39. https://en.wikipedia.org/wiki/List_of_manufacturers_by_motor_vehicle_production. 原始数据来自国际机动车制造商组织（OICA）。

40. 1976 年，韩国的人均收入按现值美元计算为 834 美元。同年，厄瓜多尔的人均收入为 1264 美元，墨西哥的人均收入为 1453 美元。这些数据来自世界银行 https://data.worldbank.org/indicator/NY.GDP.PCAP.CD。

41. 关于二战前美国保护主义的更多信息，请见 H.-J. Chang, *Kicking Away the Ladder*（London: Anthem Press, 2002），ch. 2; and H.-J. Chang, *Bad Samaritans*（London: Random House, 2007），ch. 2。

42. 关于美国政府在信息时代的基础技术发展中的作用的进一步细节可参见 F. Block, "Swimming Against the Current: The Rise of a Hidden Developmental State in the United States", *Politics and Society*, vol. 36, no. 2（2008）; M. Mazzucato, *The Entrepreneurial State – Debunking Public vs. Private Sector Myths*（London: Anthem Press, 2013）; L. Weiss, *America Inc.?: Innovation and Enterprise in the National Security State*（Ithaca, New York: Cornell University Press, 2014）。

43. 橙色胡萝卜的起源可参见 http://www.carrotmuseum.co.uk/history.html, https://www.economist.com/the-economist-explains/2018/09/26/how-did-carrots-become-orange, and https://www.washingtonpost.com/blogs/ezra-klein/post/carrots-are-orange-for-an-entirely-political-reason/2011/09/09/gIQAfayiFK_blog.html, all accessed on 6 August 2019。

44. A. Dubock, "Golden Rice: To Combat Vitamin A Deficiency for Public Health", https://www.intechopen.com/books/vitamin-a/golden-

rice-to-combat-vitamin-a-deficiency-for-public-health.

45. Chang, *Bad Samaritans*, ch. 6; and J. Stiglitz, *Making Globalization Work* (New York: W. W. Norton & Co., 2007), ch. 4.

46. 最后，哈里森只得到了 18750 英镑（相当于今天的 300 万英镑）。参见 D. Bradbury, "Valuing John Harrison's Work – How Much Is That £20,000 Longitude Reward Worth Today?" Office for National Statistics，https://blog.ons.gov.uk/2020/01/17/valuing-john-harrisons-work-how-much-is-that-20000-longitude-reward-worth-today。我要感谢费德里科·本宁霍夫提醒我注意奖赏制度在航海天文台发明中的作用。

47. 2021 年，乌拉圭的人均牛头数量（cattle per person）最高，为 3.45 头，超过第二位的新西兰（2.10 头），也远远超过了阿根廷和巴西（均为 1.20 头）。这些数据来自美国农业部。参见 https://beef2live.com/story-world-cattle-inventory-vs-human-population-country-0-111575。

48. S. Meghji, "How a Uruguayan Town Revolutionised the Way We Eat", *BBC Travel*, 7 January, 2019, https://www.bbc.com/travel/article/20190106-how-a-uruguayan-town-revolutionised-the-way-we-eat ）.

49. 参见 L. Lewowicz, "Justus von Liebig in Uruguay? His Last Ten Years of Research", paper presented at the 2015 Annual Meeting of the International Society for the Philosophy of Chemistry, https://www.

researchgate.net/publication/279263915_Justus_von_Liebig_in_Uruguay_His_last_ten_years_of_research。

50. P. Russell, "History Cook: Lemco", *Financial Times*, 13 August, 2012, https://www.ft.com/content/6a6660e6-e88a-11e1-8ffc-00144feab49a.

51. Meghji, "How a Uruguayan Town Revolutionised the Way We Eat".

52. 在 1942 年 11 月的高峰期，运往英国的所有食品中，有 9% 被德国海军击沉。L. Collingham, *The Taste of War – World War Two and the Battle for Food*（London: Penguin Books, 2011），pp. 111–113. 根据乌拉圭新闻网站 MercoPress 上的文章《乌拉圭小镇展示斯大林格勒战役期间对苏联军队的历史性支持》（"Uruguayan Town Puts Historic Support to Soviet Troops During Battle of Stalingrad on Display"），盟军向苏联供应的肉类罐头中有 15% 也是乌拉圭的咸牛肉。见 https://en.mercopress.com/2021/08/09/uruguayan-town-puts-historic-support-to-soviet-troops-during-battle-of-stalingrad-on-display。

53. P. Pickering and A. Tyrell, *The People's Bread: A History of the Anti-Corn Law League*（London and New York: Leicester University Press, 2000），p. 6.

54. 与任何重大变革的过程一样，《谷物法》废除的过程是一个复杂的故事，涉及经济利益、思想和制度的相互作用，这篇短文无法对其进行公正的描述。关于 1846 年废除《谷物法》的详细分析 见 Pickering and Tyrell, *The People's Bread*; and S. Schonhardt-

Bailey, *From the Corn Laws to Free Trade–Interests, Ideas, and Institutions in Historical Perspective*（Cambridge, Mass.: The MIT Press, 2006）。废除该法案使保守党分裂，该党是传统的农业利益集团，特别是农业地主的政党。废除《谷物法》之后，那些投票支持废法的议员，包括首相罗伯特·皮尔，都离开了该党，形成了一个独立的政治团体，被称为皮尔派（Peelites）。由于这种分裂，在接下来的 20 年里，保守党大部分时间都没能进入政府。

55. M. Friedman and R. Friedman, *Free to Choose*（New York: Harcourt Brace and Jovanovic, 1980）, p. 35.

56. 这种观点的经典例子可以参见 J. Bhagwati, *Protectionism*（Cambridge, Mass.: The MIT Press, 1985）; and J. Sachs and A. Warner, "Economic Reform and the Process of Global Integration", *Brookings Papers on Economic Activity*, no. 1（1995）。

57. K. Fielden, "The Rise and Fall of Free Trade", in C. Bartlett（ed.）, *Britain Pre-eminent: Studies in British World Influence in the Nineteenth Century*（London: Macmillan, 1969）.

58. P. Bairoch, *Economics and World History – Myths and Paradoxes*（Brighton: Wheatsheaf, 1993）, pp. 41–42.

59. 更多细节可以参见 Chang, *Bad Samaritans*, ch. 2。Even more details can be found in Chang, *Kicking Away the Ladder*; and Bairoch, *Economics and World History*。

60. https://www.infoplease.com/world/countries/territories-colonies-and-

dependencies.

61. 关于牛肉业如何破坏亚马孙雨林，对地球造成损害的消息，令人不寒而栗。参见 A. Robinson, *Gold, Oil and Avocados: A Recent History of Latin America in Sixteen Commodities*（New York: Melville House Books, 2021）, ch. 14, "Beef（Pará）– The Capital of Ox"。

62. UNCTAD（United Nations Conference on Trade and Development）, "Banana: An INFOCOMM Commodity Profile", 2016, https://unctad.org/system/files/official-document/INFOCOMM_cp01_Banana_en.pdf）, p. 5.

63. 2014 年，出口了甜味香蕉 1700 万吨，大蕉 90 万吨。参见 UNCTAD, "Banana", p. 5。

64. FAO（Food and Agricultural Organization）, "Banana Facts and Figures", https://www.fao.org/economic/est/est-commodities/oilcrops/bananas/bananafacts#.Ye4JAFjP10s）.

65. 同上。

66. J. Carney and R. Rosomoff, *In the Shadow of Slavery – Africa's Botanical Legacy in the Atlantic World*（Berkeley: University of California Press, 2009）, p. 34.

67. 同上，p. 34。

68. 同上，p. 34。

69. 同上，p. 40。

70. 同上，p. 40。

71. 同上，p. 35。

72. Robinson, *Gold, Oil and Avocados*, p. 119.

73. G. Livingstone, *America's Backyard: The United States and Latin America from the Monroe Doctrine to the War on Terror* (London: Zed Press, 2009), p. 17.

74. D. Koppel, *The Fate of the Fruit That Changed the World* (New York: Hudson Street Press, 2007), p. 70.

75. 从 1898 年到 1934 年，美国军队入侵加勒比海沿岸和拉丁美洲的 10 个国家不下 28 次，其中大部分是代表香蕉公司。参见 Koppel, *The Fate of the Fruit That Changed the World*。关于美国对这些国家的军事入侵和占领的进一步细节，见联合水果历史学会网站 https://www.unitedfruit.org/chron.htm。

76. Koppel, *The Fate of the Fruit That Changed the World*, p. 87.

77. E. Posada-Carbo, "Fiction as History: The *Bananeras* and Gabriel Garcia Márquez's *One Hundred Years of Solitude*", *Journal of Latin American Studies*, vol. 30, no. 2 (1998).

78. 关于欧·亨利在洪都拉斯的流亡经历以及"香蕉共和国"一词的产生背景可参见 M. McLean, "O. Henry in Honduras", *American Literary Realism, 1870–1910,* vol. 1, no. 3 (Summer 1968). 另见 Koppel, *The Fate of the Fruit That Changed the World*, p. 92。

79. R. Monge-Gonzalez, "Moving Up the Global Value Chain: The

Case of Intel Costa Rica", ILO Americas Technical Report, 2017/8, International Labour Organization, 2017, https://www.ilo.org/wcmsp5/groups/public/---americas/---ro-lima/documents/publication/wcms_584208.pdf.

80. K. S. Na, "The Motor Force of Our Economy – 50 Year History of Semi-conductor" (in Korean), http://www.economytalk.kr/news/articleView.html?idxno=130502 (in Korean).

81. https://data.worldbank.org/indicator/TX.VAL.TECH.MF.ZS.

82. 更详细的细节参见 H.-J. Chang, "Regulation of Foreign Investment in Historical Perspective", *European Journal of Development Research*, vol. 16, no. 3 (2004)。

83. 关于爱尔兰更多的细节可以参见上述图书，关于新加坡可参见 M. Kuan, "Manufacturing Productive Capabilities: Industrial Policy and Structural Transformation in Singapore", Ph.D. dissertation, University of Cambridge, 2015。

84. T. Standage, *A History of the World in Six Glasses* (New York: Bloomsbury USA, 2006), p. 272.

85. M. Pendergrast, *For God, Country, and Coca-Cola: The Definitive History of the Great American Soft Drink and the Company That Makes It*, 3rd edition (New York: Basic Books, 2013), p. 425.

86. 在接下来的三段中，关于可口可乐的起源主要借鉴了上述图书。

87. Standage, *A History of the World in Six Glasses*, p. 250.

88. "History of Coca-Cola", InterExchange, https://www.interexchange.org/articles/career-training-usa/2016/03/08/history-coca-cola/.

89. Pendergrast, *For God, Country, and Coca-Cola*, p. 30.

90. E. Abaka, "Kola Nut", in Kiple and Ornelas（eds.）, *The Cambridge World History of Food*, p. 684.

91. 同上，pp. 688–690。引文在第 690 页。

92. D. Starin, "Kola Nut: So Much More Than Just a Nut", *Journal of the Royal Society of Medicine*, vol. 106, no. 12（2013）.

93. J. Carney and R. Rosomoff, *In the Shadow of Slavery – Africa's Botanical Legacy in the Atlantic World*（Berkeley: University of California Press, 2009）, pp. 70–71. 另见 Abaka, "Kola Nut", p. 688。

94. V. Greenwood, "The Little-known Nut That Gave Coca-Cola Its Name", BBC（https://www.bbc.com/future/article/20160922-the-nut-that-helped-to-build-a-global-empire）.

95. Standage, *A History of the World in Six Glasses*, p. 250.

96. B. Delaney, "It's Not Cocaine: What You Need to Know About the Pope's Coca Drink", *Guardian*, 9 July 2015.

97. 参见 H.-J. Chang, J. Hauge and M. Irfan, *Transformative Industrial Policy for Africa*（Addis Ababa: United Nations Economic Commission for Africa, 2016）.

98. 根据联合国粮食及农业组织（FAO）的数据，2019 年，德国生产了 323 万吨黑麦，其次是波兰（242 万吨）、俄罗斯（143 万吨）、

丹麦（88 万吨）和白俄罗斯（75 万吨）。参见 http://www.fao.org/
faostat/en/#data/QC。

99. 在富裕国家，大约三分之一的税收是以这种方式征收的，而在发展中国家，这一比例超过政府税收的一半。参见 https://www.oecd.org/tax/tax-policy/global-revenue-statistics-database.htm。

100. https://www.ons.gov.uk/peoplepopulationandcommunity/personaland
householdfinances/incomeandwealth/bulletins/theeffectsoftaxesandbe
nefitsonhouseholdincome/financialyearending2018.

101. 2019 年，美国的医疗保健支出占其 GDP 的 17%，而经合组织的平均水平为 8.8%。部分国家的数字是：瑞士 12%，德国 11.7%，英国 10.3%，芬兰 9.1%，意大利 8.7%，爱尔兰 6.8%。参见 https://data.oecd.org/healthres/health-spending.htm。

102. 为了进一步讨论福利国家的活力增强作用，参见 Chang, *23 Things*, Thing 21, "Big Government Makes People More Open to Change"。

103. S. Walton, *The Devil's Dinner – A Gastronomic and Cultural History of Chilli Peppers*（New York: St Martin's Press, 2018），p. 21.

104. 有更客观、更科学的方法来测量辣椒的辣度，如高效液相色谱法（HPLC），但这种方法不是专门为辣椒发明的，它是体育运动领域使用的兴奋剂测试技术。同上，pp. 18–20。

105. 只要翻开任何一本四川菜谱或关于川菜的书，特别是英国厨师写的令人愉快的美食回忆录就可以了。Fuchsia Dunlop, *Sharks Fins and Sichuan Pepper – A Sweet-sour Memoir of Eating in China*（London: Ebury Press, 2011）.

106. 为了快速了解 GDP 作为衡量人类福祉的局限性，可参见 Ha-Joon Chang, *Economics: The User's Guide*（London: Penguin, 2014）。更多深度讨论参见 D. Pilling, *The Growth Delusion*（London: Bloomsbury, 2018）。

107. 这包括预测需求，确定满足需求的选择、做出决定，并监测进展。达明格在她的研究中表明，这种认知劳动，特别是预测和监测，是由女性完成的，而且比例很高。A. Daminger, "The Cognitive Dimension of Household Labor", *American Sociological Review*, vol. 84, no. 4（2019）.

108. 参见 Pilling, *The Growth Delusion*, ch. 3, 可以看到衡量无偿护理的价值的不同方法。

109. 参见 N. Folbre, *The Rise and Decline of Patriarchal Systems – An Interserctional Political Economy*（London: Verso, 2020）。解决养老金制度中的性别偏见的措施的例子，可参见 Women's Budget Group, "Pensions and Gender Inequality A Pre-budget Briefing from the Women's Budget Group", March 2020, https://wbg.org.uk/wp-content/uploads/2020/02/final-pensions-2020.pdf。

110. 参见 Folbre, *Rise and Decline*, 全面阐述了性别歧视如何与其他歧视做法（如种族歧视）相互作用，使某些职业"女性化"。

111. 这些变化更多的讨论参见 The Care Collective, *The Care Manifesto–The Politics of Interdependence*（London: Verso, 2020）。

112. https://www.guinnessworldrecords.com/world-records/largest-empire-by-population.

113. https://www.guinnessworldrecords.com/world-records/largest-empire-（absolute）.

114. 根据英国国家统计局的数据，1938 年英国的人口估计为 4600 万。https://www.ons.gov.uk/peoplepopulationandcommunity/populationandmigration/populationestimates/adhocs/004357greatbritainpopulationestimates1937to2014. 这意味着，国土以外的人口为 4.85 亿，是其本土人口的 10.5 倍。

115. P. K. O'Brien, "State Formation and the Construction of Institutions for the First Industrial Nation" in H.-J. Chang（ed.）, *Institutional Change and Economic Development*（Tokyo: United Nations University Press, and London: Anthem Press: 2007）.

116. 同上。

117. 同上。

118. P. Laszlo, *Citrus – A History*（Chicago: The University of Chicago Press, 2007）, pp. 88–90.

119. C. Price（2017）, "The Age of Scurvy", *Distillations*, Science History Institute, https://www.sciencehistory.org/distillations/the-age-of-scurvy.

120. 同上。

121. 根据英国作家菲利普·K. 艾伦（Phillip K. Allan）的说法："其他国家的海军在采取类似措施方面进展缓慢。一些国家，如法国，对供应如此大量的水果所涉及的成本和后勤挑战感到畏惧。其他国家，如西班牙，有现成的柠檬来源，但禁止给他们的水手喝酒，因此柠檬汁不被水手接受。还有人认为英国皇家海军的做法很奇怪。"参见 P. K. Allan, "Finding the Cure for Scurvy", *Naval History Magazine*, vol. 35, no. 1（February 2021），https://www.usni.org/magazines/naval-history-magazine/2021/february/finding-cure-scurvy。

122. 朴次茅斯的皇家海军医院在 1780 年治疗了 1457 例坏血病。1806 年，它只收治了两个坏血病病例。参见 Laszlo, *Citrus*, p. 86。

123. J. Eaglin, "More Brazilian than Cachaça: Brazilian Sugar-based Ethanol Development in the Twentieth Century", *Latin American Research Review*, vol. 54, no. 4（2019）.

124. 同上。

125. 严格来说，即使是这些替代能源也会产生一些温室气体，因为能源发电设施的建设和运行涉及化石燃料的使用。例如，风力涡轮机是由钢铁、树脂和水泥制成的，同时在其运行过程中需要润滑油，目前所有这些都是在制造过程中使用化石燃料。风力涡轮机可参见 V. Smil, "Why You Need Fossil Fuels to Get

Electricity from Wind", in *Numbers Don't Lie: 71 Things You Need to Know About the World*（London: Viking, 2020）。

126. 关于化石燃料用于生产这些材料的细节，参见 V. Smil, *How the World Really Works – A Scientist's Guide to Our Past, Present, and Future*（London: Penguin RandomHouse, 2022）。

127. X. Xu et al., "Global Greenhouse Gas Emissions from Animal-Based Foods Are Twice Those of Plant-based Foods", *Nature Food*, September 2021.

128. 同上。

129. 更多细节可参见 A. Anzolin and A. Lebdioui, "Three Dimensions of Green Industrial Policy in the Context of Climate Change and Sustainable Development", *European Journal of Development Research*, vol. 33, no. 2（2021）。

130. 这与行为经济学的基本见解是一致的，该学派认为对决策最重要的限制是我们有限的心理能力（该学派称之为"有限理性"），而不是缺乏信息。关于这个（和其他）经济学学派，参见 *Economics: The User's Guide*。

131. 在印度洋和太平洋的航行中，欧洲人不得不雇用阿拉伯和南亚海员，他们更了解印度洋和太平洋。见 J. Hobson, *The Eastern Origins of Western Civilization*（Cambridge: Cambridge University Press, 2004），pp. 140–144。这些海员被称为拉斯克，其中包括今天英国的锡尔赫特"印度"餐馆老板的祖先，在"香料"中有所介绍。

132. 政策建议可参见 Chang, *23 Things*, Thing 22, "Financial markets need to become less, not more, efficient"; and Chang, *Economics: The User's Guide*, ch. 8, "Trouble at the Fidelity Fiduciary Bank"。

133. 关于果冻的一些争议参见 "No Such Thing as a Mere Trifle" in Wordof Mouth Blog, https://www.theguardian.com/lifeandstyle/wordofmouth/poll/2009/dec/21/perfect-trifle-jelly。

134. B. Neuburger, "California's Migrant Farmworkers: A Caste System Enforced by State Power", *Monthly Review*, vol. 71, no. 1（2019）. 来自墨西哥的农场工人不仅对加利福尼亚很重要。根据纽伯格的论文，大约 80% 的美国农场工人是移民，其中大多数来自墨西哥。

135. E. Schlosser, "In the Strawberry Fields", *The Atlantic*, November 1995, https://www.theatlantic.com/magazine/archive/1995/11/in-the-strawberry-fields/305754/.

136. 同上。

137. 大多数农业工人是季节性就业，而不是全年就业，年收入往往远远低于小时工资所显示的收入。根据总部设在华盛顿特区的经济政策研究所的估计，2015 年，农业工人的平均年收入为 17500 美元，不到按小时工资计算的全职工作的 60%［12～14 美元，高于加州的最低工资（2017 年为 10～10.5 美元）］。参见 P. Martin and D. Costa, "Farmworker Wages in California: Large Gaps

between Full-time Equivalent and Actual Earnings", 2017, https://www.epi.org/blog/farmworker-wages-in-california-large-gap-between-full-time-equivalent-and-actual-earnings/。

138. K. Hodge, "Coronavirus Accelerates the Rise of the Robot Harvester", *Financial Times*, 1 July 2020, https://www.ft.com/content/eaaf12e8-907a-11ea-bc44-dbf6756c871a.

139. J. Bessen，*Learning by Doing – The Real Connection between Innovation, Wages, and Wealth*（New Haven: Yale University Press, 2015），pp. 96–97. 如果我们考虑美国人口在此期间增长了 6 倍（从 1280 万增长到 7620 万），而贝森没有考虑到这一点，这意味着按人均计算增长了 66.7%。

140. 关于 ALMP 在瑞典和芬兰如何运作的更多细节，可参见 D. Stuckler and S. Basu, *The Body Economic – Why Austerity Kills*（New York: Basic Books, 2013），ch. 7, "Returning to Work"。

141. E. Purser, "The Great Transatlantic Chocolate Divide", *BBC News Magazine*, 15 December 2009（http://news.bbc.co.uk/1/hi/magazine/8414488.stm#:～:text=A%20Cadbury%20Dairy%20Milk%20bar,Hershey%20bar%20contains%20just%2011%25）.

142. 根据联合国工业发展组织（UNIDO）提供的最新数据，2015 年瑞士的人均制造业增加值（MVA）为 14404 美元（按 2010 年价格计算），迄今为世界最高。第二高的是新加坡，与前者有一定的差距，为 9537 美元。排名第三的德国相应数字为 9430 美元，美国为 5174 美元，中国为 2048 美元。参见 https://www.unido.
org/sites/default/files/files/2017-11/IDR2018_FULL%20REPORT.
pdf。

143. 参见 Chang, *Economics: The User's Guide*, pp. 264–365。

图书在版编目（CIP）数据

好吃的经济学 / (英) 张夏准 (Ha-Joon Chang) 著；
方丽. 翟文译. -- 杭州：浙江教育出版社，2024.8
　　ISBN 978-7-5722-6814-4

　　Ⅰ.①好… Ⅱ.①张… ②方… ③翟… Ⅲ.①食品—
经济学—通俗读物 Ⅳ.① F307.11-49

中国国家版本馆 CIP 数据核字 (2024) 第 105151 号

好吃的经济学
HAOCHI DE JINGJIXUE

[英] 张夏准 著

方丽　翟文 译

选题策划：后浪出版公司		出版统筹：吴兴元	
责任编辑：洪　滔		特约编辑：李　峥	
美术编辑：韩　波		责任校对：高露露	
责任印务：陈　沁		封面设计：墨白空间·陈威伸	
图文制作：李会影		营销推广：ONEBOOK	

出版发行：浙江教育出版社（杭州市环城北路 177 号　电话：0571-88909724）
印刷装订：嘉业印刷（天津）有限公司
开本：889mm×1194mm　1/32
印张：7.25
字数：150000
版次：2024 年 8 月第 1 次印刷
印次：2024 年 8 月第 1 次印刷
标准书号：ISBN 978-7-5722-6814-4
定价：49.80 元